Karl Kautsky

Der Arbeiterschutz

Besonders die internationale Arbeiterschutzgesetzgebung und der Achtstundentag

Karl Kautsky

Der Arbeiterschutz
Besonders die internationale Arbeiterschutzgesetzgebung und der Achtstundentag

ISBN/EAN: 9783743425422

Hergestellt in Europa, USA, Kanada, Australien, Japan

Cover: Foto ©Suzi / pixelio.de

Manufactured and distributed by brebook publishing software (www.brebook.com)

Karl Kautsky

Der Arbeiterschutz

Der

Arbeiterschutz

besonders

die internationale Arbeiterschutzgesetzgebung

und der

Achtstundentag

von

Karl Kautsky.

Nürnberg 1890.
Druck und Verlag von Wörlein & Comp.

Inhalt.

	Seite
I. Der Kampf um die Arbeiterschutzgesetzgebung in England	1
II. Der Arbeiterschutz und die Industrie	11
III. Der Arbeiterschutz und die Arbeiterklasse	25
IV. Die Bewegung für den Achtstundentag in England	37
V. Der Arbeiterschutz auf dem europäischen Kontinent	41
VI. Die internationale Arbeiterschutzgesetzgebung und der Achtstundentag	49

I.

Der Kampf um die Arbeiterschutzgesetzgebung in England.

Der Kampf um den Arbeitstag ist so alt als die Lohnarbeit selbst. Bereits im Ausgang des Mittelalters, zur Zeit der entstehenden Zünfte, finden wir Kämpfe zwischen Meistern und Gesellen um die Arbeitszeit; allerdings weniger um die Dauer der Arbeit während eines Tages, als um die Zahl der Arbeitstage im Jahr. Die Meister suchten die Feiertage zu schmälern, selbst Beispiele von Sonntagsarbeit findet man schon zu Ende des 15. Jahrhunderts; die Gesellen wollten einen neuen Feiertag einführen, den blauen Montag.

Die Stellung der Lohnarbeiter war in diesen Kämpfen eine verhältnißmäßig günstige. Die handwerksmäßige Produktion beruhte damals fast ausschließlich auf der Handfertigkeit und Erfahrung der Arbeitenden, die nur in einer langen Lehrzeit erworben werden konnte. Die Zahl der gelernten Lohnarbeiter war gering, und ihre Zahl wurde nicht blos durch die nothwendige lange Lehrzeit, sondern auch durch künstliche Hemmnisse in Schranken gehalten, deren Ursachen ebenfalls in den wirthschaftlichen Verhältnissen begründet lagen. Auf dieselben auch nur flüchtig einzugehen, liegt außerhalb des Rahmens unserer Arbeit. Genug, den Lohnarbeitern des Handwerks verlieh ihre Unentbehrlichkeit, das Fehlen einer industriellen Reservearmee, ihre verhältnißmäßig geringe Anzahl und ihre stramme Organisation — jeder Geselle war verpflichtet, seiner Gesellenschaft anzugehören — eine so vortheilhafte Stellung gegenüber den Meistern, daß sie sich stark genug fühlten, ihre Interessen durch eigene Kraft zu wahren.

Die Lage der Arbeiter verschlechterte sich, als die kapitalistische Manufaktur erstand. Der Arbeiter des Handwerks hatte stets ein Ganzes zu fertigen gehabt. Sobald ein Kapitalist viele Arbeiter in einer Werkstätte beschäftigte, konnte er die einzelnen Arbeiten unter sie vertheilen und jedem eine bestimmte Theilarbeit zuweisen, die oft in wenigen Handgriffen bestand. Es ist klar, daß der Theilarbeiter, der jahraus, jahrein stets dieselbe Arbeit verrichtete, darin eine größere Fertigkeit erlangen und mehr leisten konnte, als der Handwerker, der außer dieser Arbeit noch viele andere zu leisten hatte; es ist aber auch klar, daß die Lehrzeit für einen Theilarbeiter geringer war, als für einen handwerks= mäßigen Arbeiter. Die Arbeiter der Manufaktur waren leichter anzulernen, leichter zu ersetzen, als die des Handwerks. Die Kapitalisten waren nicht gezwungen, sie aus den zünftigen Arbeitern zu rekrutiren.

Unter diesen Umständen sank die Macht der Arbeiter, der Ausbeutung durch ihre Anwender Schranken zu ziehen. Aber immerhin waren sie doch nicht völlig wehrlos dem Kapital preis= gegeben. Immer noch erforderte die Produktion einen hohen Grad von Handfertigkeit, eine längere Zeit, oft Jahre lang fortgesetzte Uebung der einzelnen Theilarbeiter. So sehr auch die Masse der Proletarier anwuchs, die Zahl der verwendbaren, geschickten Ar= beiter blieb immer noch eine beschränkte, die mitunter zwar die Nachfrage nach Arbeitskräften überragte, mitunter aber auch sehr dahinter zurückblieb, namentlich in Zeiten rascher Entwicklung der Industrie, oder wenn Seuchen. Kriege u. dgl. die Zahl der Arbeiter etwas verminderten.

Noch waren die Arbeiter im Stande, sich ihrer Haut zu wehren. So gering die Schranken waren, die sie ihrer Ausbeutung entgegenzusetzen hatten, der Habgier der Kapitalisten erschienen sie unerträglich. Daß Nachfrage und Angebot Arbeitszeit und Arbeitslohn reguliren sollten, davon wollten sie nichts wissen; das hieß sie dem scheußlichsten „Despotismus" ihrer Arbeiter unter= werfen. Laut schrieen sie nach Staatshilfe gegen die Arbeiter; weit entfernt, verderblichen Socialismus oder eine undurchführbare Utopie darin zu sehen, daß der Staat die Höhe der Löhne und die Länge der Arbeitszeit bestimme, verlangten sie, als zum Ge= deihen der kapitalistischen Produktion, zur industriellen Blüthe und Wohlfahrt der Nation unumgänglich nothwendig, daß Löhne und Arbeitszeiten von Staatswegen festgesetzt würden: freilich Maxi = mallöhne und Minimalarbeitszeiten. Für diese Art „Staatssocialismus" haben sich die Kapitalisten sehr begeistert, so lange sie ihrer bedurften. Bis in die Anfänge unseres Jahr= hunderts haben sich solche Vorschriften erhalten, wenn sie auch meist todter Buchstabe geworden waren.

Sie wurden überflüssig gemacht, und die Kapitalisten aus „Staats=Socialisten" in Manchestermänner verwandelt durch die Maschine. Ihr ist es gelungen, in einem Maße, wie es die bloße Staatsgewalt nie erreicht hatte, die Arbeiter zu knechten, zu willenlosen Sklaven des Kapitals zu machen, die Arbeitszeit so weit auszudehnen, daß selbst die Fabrikanten eine weitere Ausdehnung nicht mehr für möglich hielten.

Auf den Gebieten, deren sich die Maschinerie bemächtigte, wird der Arbeiter, der Maschine gegenüber, immer mehr zur Nebensache, er sinkt zu ihrem Anhängsel herab. Das Werkzeug hatte er angewendet und geleitet; die Maschine hat er blos zu überwachen; er muß ihr folgen, seine Arbeit ihrer Thätigkeit anpassen. Diese Arbeit ist aber eine sehr vereinfachte, sie erfordert in der Regel weder Kraft noch eine besondere, durch lange Uebung erworbene Handfertigkeit. Schwache Arbeitskräfte genügen, ungebildete und ungeschulte. Man kann die Arbeit der Männer vielfach durch die von Frauen und Kindern ersetzen; die von gelernten Arbeitern durch ungelernte.

Erst seit der Einführung der Maschine ist die gesammte Masse des Proletariats für die Industrie verwendbar. Auf der andern Seite wird die Maschine zum mächtigsten Hebel, die Massen dieses Proletariats noch weiter anschwellen zu lassen. In der Landwirthschaft ruinirt sie die Kleinbauern und macht Lohnarbeiter überflüssig; in der Industrie bereitet sie den Handwerkern und Hausindustriellen eine verderbliche Konkurrenz; so schuf sie und schafft sie immer wieder neue Schaaren von Proletariern, die sie alle auf den Arbeitsmarkt sendet, ihre Arbeitskraft feilzubieten. Auf diesem Markte gestaltet sich jetzt unter dem Einfluß der Maschine das Gesetz von Angebot und Nachfrage höchst günstig für den Kapitalisten. Die Zahl der sich anbietenden Arbeiter übersteigt nun nicht blos zu gewissen Zeiten, sondern dauernd den Bedarf der Unternehmer. Jetzt brauchen diese nicht mehr die Hilfe der Staatsgewalt, um die Löhne herabzudrücken, die Arbeitszeit auszudehnen, die Arbeiter zu den schädlichsten und widerlichsten Verrichtungen heranzuziehen; die Noth macht die Arbeiter gefügiger, als Gesetz und Polizei vermochten.

Und die Maschine erweitert nicht blos den Kreis der verwendbaren und verfügbaren Arbeiter außerordentlich und vermehrt dadurch die Zufuhr von Arbeitskraft weit mehr als die Nachfrage danach. Sie vermehrt die ökonomische Macht des Kapitals über die Arbeiter auch dadurch, daß sie ihm die wehrlosesten Mitglieder des Proletariats ausliefert, Frauen und Kinder, die nicht blos selbst nicht des geringsten Widerstandes fähig sind, sondern durch ihr Auftreten auf dem Arbeitsmarkt noch helfen, die Versuche eines Widerstandes der männlichen Arbeiter zu erdrücken. So kommt das Kapital, Dank der Maschine, zur unumschränkten Herrschaft in der Produktion und erlangt die Möglichkeit, die Arbeitslöhne auf ein Minimum herabzudrücken, die Arbeitszeit ins Ungemessene auszudehnen, die Arbeitsbedingungen so zu gestalten, daß den Arbeitern mit den möglichst geringen Kosten der größtmögliche Arbeitsertrag möglichst rasch ausgepreßt wird. Aber die Maschine ermöglicht das nicht nur, sie drängt förmlich dazu. Anstatt eines Mittels, die Lasten der arbeitenden Klassen zu erleichtern, ist sie ein Mittel geworden, sie ins Unerträgliche zu vermehren.

Das Bestreben nach möglichster Ausdehnung der Arbeitszeit ist mit der Ausbeutung der Arbeitskraft durch einen Dritten nothwendig verbunden. Je länger der Arbeitstag, desto größer, unter sonst gleichen Umständen, der Ueberschuß des Arbeitsertrags über die Erhaltungskosten des Arbeiters, desto größer der Gewinn des Ausbeuters.

Die Maschine hat zu diesem Beweggrund noch einen neuen hinzugesellt. Der Arbeiter, der eine Waare produzirt, schafft damit nicht blos neuen Werth, sondern erhält auch alten; der Werth des verarbeiteten Rohmaterials und des Werkzeugs — im Betrag seiner Abnützung — erscheint im Produkt wieder. Der Werth eines Werkzeugs, das gar nicht oder nicht genügend verwendet wird, geht verloren, im ersten Fall gänzlich, im zweiten theilweise. Der Verlust bei einem kleinen Werkzeug ist gering. Ganz anders aber bei einer gewaltigen Maschine. In ihr steckt ein großes Kapital, das ganz oder zum Theil verloren ist, wenn sie nicht so viel Arbeit einschluckt, als sie unter den gegebenen Produktionsverhältnissen einschlucken kann und soll. Und sie soll nicht blos so viel Arbeit als möglich einschlucken, sondern auch so rasch als möglich. Denn die Maschine nutzt sich ab, nicht nur, wenn sie in Thätigkeit ist, sondern auch, wenn sie stille steht; und überdieß muß ihr Besitzer jeden Tag gewärtig sein, daß sie durch eine neue Erfindung überholt und entwerthet wird. Daher das Bestreben, so rasch und so viel als möglich aus ihr herauszuschlagen. Jede Stunde, die seine Maschinen wegen seiner Arbeiter stille stehen müssen, erscheint dem Großindustriellen als ein Raub, den die Arbeiter an ihm vollziehen — er möchte am liebsten ununterbrochen arbeiten lassen. Was die Maschine dem Proletariat bringt, das ist nicht Veringerung der Arbeitslast. Sie hält ihren Einzug unter maßloser Verlängerung der Arbeitszeit, nicht blos für Männer, sondern auch für Frauen und Kinder; sie drängt zu ununterbrochenem Betrieb, zur Nachtarbeit, zur Sonntagsarbeit.

Noch schlimmer aber, als für die Arbeiter der großen Betriebe, sind die Wirkungen der Maschine für die Arbeiter der Kleinbetriebe, die durch ihre bloße Handfertigkeit oder mit ver-

alteten, unvollkommenen Maschinen produziren. Das naheliegendste
Mittel für solche zurückgebliebene Unternehmungen, mit den auf
der Höhe der Technik stehenden Betrieben wenigstens einigermaßen
zu konkurriren, besteht darin, diese in der Ausbeutung der Ar=
beiter noch zu überbieten, verhältnißmäßig mehr Frauen, mehr
Kinder zu beschäftigen, die Arbeiter womöglich noch mehr abzu=
rackern, allen Bedingungen der Gesundheit und Sittlichkeit Hohn
zu sprechen. Die Hausindustrie wird zur mörderischsten der heu=
tigen Ausbeutungsmethoden.

Das erste Land, in dem die Maschine alle diese ihre Wirk=
ungen entfalten konnte und entfaltete, war England, wo sie in
der Textilindustrie schon zu Ende des vorigen Jahrhunderts
Eingang fand und in der ersten Hälfte des jetzigen rasch ein
Gebiet der Produktion nach dem andern eroberte.

Wer wissen will, wie die kapitalistische Großindustrie wirkt,
wenn sie in voller Freiheit sich selbst überlassen ist, wenn weder
die Einmischung des Staats noch der „Despotismus" von Arbeiter=
organisationen „das natürliche Spiel der wirthschaftlichen Kräfte
stören", der studire die ökonomische Geschichte Englands in der
ersten Hälfte unseres Jahrhunderts; das „Kapital" von Marx,
„Die Lage der arbeitenden Klassen in England" von Engels, im
Anschluß daran neuere Schriften (z. B. A. Held, zwei Bücher
zur socialen Geschichte Englands, Weyer, die englische Fabrik=
inspektion ꝛc.) geben genügenden Aufschluß darüber.

In vielen Fabriken wurde die Arbeitszeit auf 14, 16, selbst
18 Stunden täglich ausgedehnt. Andern Fabrikanten war das
nicht genug; sie führten ununterbrochenen Betrieb ein, indem sie
zwei Reihen von Arbeitern, Tag= und Nachtschichten, aufstellten.
Ja, es gab Unternehmer, die in ihrer „Sparsamkeit" so weit
gingen, daß sie keine vollzählige Ersatzmannschaft einstellten und
viele Arbeiter 30—40 Stunden durcharbeiten ließen, und das
mehreremale in der Woche.

Und in so barbarischer Weise wurden nicht blos Männer,
sondern auch Frauen und Kinder geschunden, die immer mehr in
die Fabriken gezogen wurden. 1839 waren unter den 419,560
Fabrikarbeitern, die man in England damals zählte, nur 96,569
Männer über 18 Jahre, also kein volles Viertel. Die Zahl
der Arbeiter unter 18 Jahren betrug 192,887, also das dop=
pelte der der erwachsenen Arbeiter. Die Mehrheit der Arbeiter,
242,296, war weiblichen Geschlechts.

Die Gier der Fabrikanten nach den zarten Kinderfingern
kannte keine Grenzen. Da die Fabriksdistrikte nicht genug liefer=
ten, kauften sie den Londoner Behörden die Armenhauskinder ab,

die in ganzen Schiffsladungen nach dem Norden geschickt wurden, um in den dortigen Fabriken elend zu verkommen.

Im zartesten Alter wurden die unglücklichen Kleinen schon der Zwangsarbeit unterstellt. Die Fabriksarbeit sechs- und siebenjähriger Kinder war etwas gewöhnliches, aber die parlamentarischen Enquêten fanden sogar ein **dreijähriges Fabrikskind**; ja, in der Maschinenspitzeninbustrie stießen sie auf die regelmäßige Beschäftigung eines **zweijährigen Kindes!**

Daß die Klasse der Fabrikarbeiter unter diesen Umständen rasch verkam, körperlich wie geistig, ist kein Wunder. Sie verkrüppelten und alterten rasch. Vierzigjährige Arbeiter galten als alt und arbeitsunfähig. In Liverpool war 1840 die durchschnittliche Lebensdauer der höheren Klassen 35, der Arbeiter blos 15 Jahre. Die Trunkenheit nahm rasch zu, ebenso das Verbrecherthum. Die Zahl der Verhaftungen für Kriminalverbrechen in England betrug

1805 : 4,605
1815 : 7,898
1825 : 14,437
1835 : 20,731
1842 : 31,309.

Sie versiebenfachte sich in 37 Jahren.

Die Arbeiterbevölkerung, auf der Englands Größe und Macht beruhte, schien dem Untergange und der Verkommenheit geweiht.

Die zerstörenden Wirkungen des Fabriksystems blieben nicht unbemerkt. Aber die ersten, die dagegen auftraten, waren nicht die davon betroffenen Arbeiter selbst, sondern wohlmeinende Menschenfreunde aus der Bourgeoisie, allen voran **Robert Owen**, der großartige und kühne Kommunist. Nichts weniger, als ein unpraktischer Träumer, führte er, selbst Fabrikant, in seiner Fabrik eine Reihe von Verbesserungen ein, vor Allem den **zehnstündigen Arbeitstag**, damals eine unerhörte Neuerung. Es gelang ihm, eine verkommene Arbeiterbevölkerung physisch und geistig zu heben und sein Unternehmen aus einer Stätte der scheußlichsten Barbarei in ein glückliches Gemeinwesen zu verwandeln; und bei alledem stieg noch die Rentabilität des Unternehmens.

Aber was dem Genie, der Unerschrockenheit, der Hingebung und Selbstlosigkeit eines Owen gelang, konnte die Beschränktheit und Gleichgültigkeit des Durchschnittsfabrikanten nicht leisten, noch war von seiner grausamen Habgier auch nur ein Versuch nach Abstellung der entsetzlichen Zustände zu erwarten. So glänzend das Beispiel war, das Owen gab, es blieb vereinzelt. Nichts konnte die Fabrikanten bewegen, ihm freiwillig zu folgen. Die Masse der betroffenen Arbeiter war aber wehrlos, unfähig, durch direkten ökonomischen Widerstand den Fabrikanten eine Verbesserung ihres Loses abzuzwingen. Um die Arbeiterklasse Englands zu retten, wurde das Einschreiten des Staates dringend erforderlich. Er allein besaß die Macht, die Fabrikanten zur Menschlichkeit zu zwingen. Und immer lauter erhob sich die öffentliche Meinung, aufgestachelt von demselben Robert Owen und seinen Anhängern, und verlangte den Schutz der Arbeiter durch den Staat. So kam es zu den Anfängen der Fabrikgesetzgebung. Sie entsprangen nicht einer philanthropischen Laune, nicht einer blos theoretischen Erwägung, sondern der Nothwendigkeit.

Schon 1802 hatte der schamlose Menschenhandel mit den Kindern aus den Armenhäusern ein Gesetz zum Schutz dieser Wehrlosesten der Wehrlosen veranlaßt; zum größten Theil eine Folge der Owenschen Agitation waren die Fabrikgesetze von 1818, 1825 und 1831; sie alle bezogen sich nur auf die Kinderarbeit und blos auf die Textilindustrie, die zuerst dem Maschinenbetrieb unterworfen wurde, in der zuerst die Schäden der kapitalistischen Großindustrie merkbar wurden.

Alle diese Gesetze blieben indeß todter Buchstabe. Das Parlament, das sie bewilligte, um der weitverbreiteten Entrüstung über die Scheußlichkeiten des Fabriksystems Rechnung zu tragen, war so schlau, sich gleichzeitig auch die Freundschaft der Fabrikanten zu wahren, indem es keinen Pfennig zur Durchführung dieser Gesetze bewilligte. Sie erwiesen sich als völlig werthlos. Wohl hatte Owens Beispiel bewiesen, daß eine Verkürzung der Arbeitszeit keinen oder höchstens einen vorübergehenden Nachtheil für die Fabrikanten haben werde; wohl mußten die herrschenden Klassen, daß, wenn sie schon den Erwägungen der Menschlichkeit und des Gemeinwohls nicht Raum geben wollten, ihr eigenes Interesse ihnen gebiete, der raschen Zerstörung des Proletariats Einhalt zu thun, da ihre eigene Macht, ihr eigener Reichthum von dem Bestehen einer leistungsfähigen Arbeiterklasse abhing; sie mußten, daß, wenn sie das Fabriksystem ungehindert fortwirken ließen, sie den Ast absägten, auf dem sie saßen. Aber die Kapitalisten zeigten nicht die mindeste Lust, um eines großen, dauernden, der Gesammtheit und ihnen selbst zu Gute kommenden Vortheils willen, sich auch nur das geringste augenblickliche Opfer aufzulegen. „Das Kapital wird . . . in seiner praktischen Bewegung durch die Aussicht auf die zukünftige Verfaulung der Menschheit und schließlich doch unaufhaltsame Entvölkerung so

wenig und so viel bestimmt als durch den möglichen Fall der
Erde in die Sonne ... Nach mir die Sündfluth, ist der Wahlruf
jedes Kapitalisten und jeder Kapitalistennation" (Marx). Die
nicht dem Fabrikantenthum angehörenden maßgebenden Kreise der
Gesellschaft hatten aber nicht die nöthige Energie, selbst in den
seltenen Fällen, in denen sie die nöthige Einsicht und den nöthigen
guten Willen besaßen, dem Kapital die nothwendig gewordenen
Beschränkungen aufzuzwingen: der unaufhaltsame Fortschritt
des Fabriksystems schien den unaufhaltsamen Bankerott der bürger=
lichen Gesellschaft zu bedeuten. Da, zum ersten Mal in der Ge=
schichte, als die Bourgeoisie sich unfähig zeigte, die Interessen der
gesammten Gesellschaft vertreten, trat die Arbeiterklasse auf
den Plan, als wahre Gesellschaftsretterin, als wahrer Träger
der Kultur.

So rasch auch die kapitalistische Großindustrie fortschritt, sie
unterwarf sich doch nicht die ganze Produktion, die gesammte Ar=
beiterklasse mit einem Schlage; aber überall wurden ihre Wirk=
ungen fühlbar. Strebte sie danach, die Masse der Arbeiter in
den Industriezweigen, in denen sie zur Herrschaft gelangte, zu
willenlosen und wehrlosen Sklaven zu machen, so stachelte sie an=
dererseits alle Elemente der Arbeiterklasse an, die noch einiger=
maßen Widerstandskraft hatten, sich zusammenzuthun, ihre gemein=
samen Interessen ihr gegenüber zu wahren. Anfangs eine Reihe
unzusammenhängender Empörungsakte, wurde der Widerstand bald
ein systematischer und ausdauernder; die Einsicht in die bestehenden
Verhältnisse, in die Solidarität der Interessen der Arbeiterklasse
begann in den Reihen der letzteren Eingang zu finden. Die Be=
wegung wurde verstärkt und gefördert dadurch, daß sie mit zwei
Bewegungen innerhalb der herrschenden Klassen zusammenfiel. Die
eine derselben war der Kampf der industriellen Bourgeoisie und
des Kleinbürgerthums um den Antheil an der Herrschaft im Staate,
gegenüber der Aristokratie des Grundbesitzes und der Finanz, deren
ausschließlichen Besitz bis dahin das Parlament gebildet, ein
Kampf, in dem beide Theile das Proletariat durch Versprechungen
und Konzessionen auf ihre Seite zu ziehen suchten. Neben dieser
Bewegung ging die schon erwähnte der Menschenfreunde, der
Owen, Peel, Sabler, Oastler u. s. w., die erst Kraft und Be=
deutung gewann, als sie in den Reihen der Arbeiter Widerhall
fand, wo sie freilich bald einen anderen Charakter annahm.

Diesen Kämpfen — und es waren nicht blos Redeschlachten,
sondern Demonstrationen der drohendsten und ernsthaftesten Art,
zu denen es da kam, revolutionäre Akte, nicht im wissenschaftlichen,
sondern im Polizeisinn, Akte, wie sie nirgends ausbleiben, wo es

einer großen Bewegung versagt wird, sich konstitutionell zu äußern — diesen Kämpfen entsprangen die beiden Koncessionen, die, aus geringen Anfängen seitdem ununterbrochen weiter entwickelt und erweitert, die Wiedergeburt wenigstens eines Theils der englischen Arbeiterklasse ermöglicht haben: das Koalitionsrecht, das 1824 gegeben wurde, und das **Fabriksgesetz** von 1833. Wir haben es hier nur mit dem letzteren zu thun.

So gering uns die Beschränkungen erscheinen, die durch das Gesetz den Fabrikanten auferlegt wurden, sie waren bedeutend im Vergleich zu der unglaublichen Ausbeutung, die damals herrschte. Die Arbeit von Kindern unter 9 Jahren wurde verboten (mit Ausnahmen), die Arbeit der Kinder von 9—13 Jahren auf 8 Stunden täglich beschränkt, die von jungen Personen von 13—18 Jahren auf 12 Stunden — ebenfalls mit Ausnahmen. Das Gesetz galt blos für die Fabriken der Textilindustrie.

Die wichtigste Bestimmung desselben aber, welche es zum ersten, wirklich durchgeführten Fabriksgesetz erhebt, war die Einsetzung von **Inspektoren**, die die Durchführung des Gesetzes zu überwachen hatten.

Die folgenden zwei Jahrzehnte sind ein ununterbrochener Kampf um's Fabriksgesetz: die Arbeiter, die sich in der Chartistenpartei politisch, in zahlreichen Gewerkschaften ökonomisch organisirten, kämpften um Erweiterung und Verbesserung des Gesetzes; die Fabrikanten kämpften um seine Aufhebung oder Einschränkung und vor Allem um seine Umgehung. Vielleicht zu keinem Zweck hat die Kapitalistenklasse je so viel Scharfsinn, Zähigkeit und Rücksichtslosigkeit aufgeboten als hier, wo es sich um die edle Aufgabe handelte, auch den nothdürftigsten Schutz von kleinen Kindern wirkungslos zu machen. Dieselben Leute, denen kein Gesetz zu streng war zum Schutz des todten Eigenthums, geriethen außer sich über den schüchternsten Versuch, den industriellen Kindermord einzuschränken.

Indeß das Vordringen der Arbeiterklasse war nicht aufzuhalten. Langsam, aber sicher gewann sie von Jahr zu Jahr neues Terrain und ertrotzte durch die Furcht, die sie einflößte, was sie von dem bischen Einsicht, Gemeinsinn und Menschlichkeit der Herrschenden nicht erlangen konnte.

1844 wurde die Beschränkung des Arbeitstages auf 12 Stunden, die bis dahin nur „jungen Personen" zu Gute gekommen, auch Frauen über 18 Jahren zu Theil. Die Arbeitszeit der Kinder wurde auf 6½ Stunden täglich herabgesetzt; endlich mit dem Gesetz vom 5. August 1850 trat der **Zehnstundentag** für Frauen und junge Personen (von 13—18 Jahren) in der Textilindustrie endgiltig in Wirksamkeit. Wohl hatte das Parlament schon 1847 den Zehnstundentag zum Gesetz erhoben, aber dasselbe war durch die Rebellion der Fabrikanten, die ihm offen Hohn sprachen, und die Fabrikantenfreundlichkeit der Regierung und der Gerichte, die die Verletzung dieses Gesetzes offen begünstigten, unwirksam geblieben.

Erst die Drohung der Arbeiter mit gewaltsamer Erhebung war im Stande, Kapitalisten, Ministern und Richtern etwas Respekt vor dem Gesetz einzuflößen.

Damit war der Widerstand der Kapitalisten gegen das Zehnstundengesetz gebrochen; nachdem es sich eingelebt, wurde es rasch nacheinander auch auf die anderen Zweige der Industrie, für die es noch nicht galt, ausgedehnt, 1867 auch auf die kleineren Werkstätten, bis endlich 1878 alle die zahlreichen Einzelgesetze zu einem einheitlichen Fabrik- und Werkstättengesetz verschmolzen wurden, das heute noch in Kraft ist.

Leider ist der Geltungsbereich des Gesetzes nicht noch in der Weise erweitert worden, daß auch die erwachsenen Männer in denselben einbezogen worden wären. Es gilt auch heute blos für Frauen, junge Personen und Kinder. In Industriezweigen, in denen ausschließlich Männer arbeiten, setzt es der Ausbeutung des Kapitals keine Schranken. Wenn man von den günstigen Wirkungen der Arbeiterschutzgesetzgebung Englands spricht, darf man nicht vergessen, daß diese nur in einem Theil seiner Arbeiterklasse sich zeigte, demjenigen, der in den Industrien mit Frauen- und Kinderarbeit, den geschützten Industrien, beschäftigt ist. In diesen Arbeitszweigen sind freilich rückwirkend die Beschränkungen der Arbeitszeit auch den Männern zu Gute gekommen, die mit den Frauen arbeiten; da ist der Zehnstundentag wirklicher Normalarbeitstag geworden*).

*) In neuester Zeit hat sich die Sitte eingebürgert, an Stelle von „Normalarbeitstag" „Maximalarbeitstag" zu sagen. Wir können in dieser Neuerung keine Verbesserung finden. Die gesetzliche Feststellung des Arbeitstages umfaßt nicht blos seine Dauer, sondern noch eine Reihe anderer Bestimmungen, wie Anfang und Ende des Arbeitstags, das Eintreten der Arbeitspausen u. s. w. In England sind diese Bestimmungen besonders genau und sie haben sich daselbst als höchst wesentlich herausgestellt. Die Bezeichnung „Normalarbeitstag" umfaßt sie alle; die Bezeichnung „Maximalarbeitstag" schließt einseitig blos die Beschränkung der Länge des Arbeitstags in sich.

II.

Der Arbeiterschutz und die Industrie.

Der gesetzliche Arbeiterschutz ist in England zuerst eingeführt worden, er hat sich daselbst am urwüchsigsten und selbstständigsten entwickelt, ohne fremdes Vorbild und Beispiel, seine Ursachen und Wirkungen können da am deutlichsten verfolgt und erkannt werden, seine Geschichte in England ist am lehrreichsten. Vor Allem drängt sich uns bei ihrer Betrachtung eine große Lehre auf: so furchtbar die Wirkungen der unbeschränkten kapitalistischen Großindustrie auf die Arbeiterklasse, diese Grundlage der Gesellschaft, waren, so tiefe Entrüstung sie in vielen, nicht direkt betheiligten Kreisen der Bourgeoisie erweckten: die Einsicht und das Wohlwollen derselben erwiesen sich nicht als stark genug, den Widerstand der direkt interessirten Kapitalisten und ihrer Helfershelfer zu überwinden. Erst als die Arbeiterklasse sich erhob, sich ihrer eigenen Haut zu wehren, wurden in heftigen, verzweifelten Kämpfen den Kapitalisten einzelne Reformen abgerungen; Reformen, ebenso dringend wie bescheiden, die dem vorurtheilslosen Beschauer als selbstverständlich erscheinen.

Die Erfolge der Arbeiter wären aber nicht möglich geworden, wenn die Widerstandsfähigsten unter ihnen nur für sich gesorgt und gekämpft, wenn sie sich nicht als die Vorkämpfer, die Leiter und Organisatoren der gesammten Arbeiterklasse betrachtet hätten, wenn sie nicht bestrebt gewesen wären, ihre schwächeren Mitarbeiter, die entweder gar nicht oder wenigstens nicht allein, ohne fremde Hilfe, im Stande waren, ihre Interessen zu vertreten, an ihren Errungenschaften theilnehmen zu lassen.

Die Gegner des staatlichen Normalarbeitstages führten und führen vielfach aus, daß dasselbe, was durch Eingreifen des Staates erreicht werden solle, sich besser und schmerzloser auf anderem Wege erreichen lasse; sie weisen darauf hin, daß zahlreiche Arbeiterschichten ohne Eingreifen des Staates den zehnstündigen, manche selbst den neunstündigen Arbeitstag (sogar in Deutschland) errungen haben: es sei also keineswegs in der heutigen Produktionsweise unmöglich, daß die Arbeiter ihre Lage durch eigene Anstrengungen, ohne Eingreifen des Staates, verbessern.

Für „die" Arbeiter ist es allerdings bis zu einem gewissen Grade nicht unmöglich, das heißt, für manche unter ihnen, die unter ausnahmsweise günstigen Bedingungen stehen. Für andere aber ist es absolut unmöglich, und die Masse dieser Andern wächst unter der kapitalistischen Produktionsweise immer mehr und mehr an.

Kommt es dazu, daß jede Arbeiterschicht sich auf die Wahrung ihrer Sonderinteressen beschränkt und die Wahrung der großen gemeinsamen Interessen darüber aus den Augen verliert, — und wo die Arbeiter sich von den Liberalen einfangen ließen, wie es für einige Zeit in England seit den sechziger Jahren der Fall gewesen, zum Theil noch der Fall ist, ist es dazu gekommen — da theilt sich die Arbeiterschaft bald in zwei Klassen: die eine wird unter dem Schutz vortheilhafter Bedingungen zu einer aufstrebenden Lohnarbeiteraristokratie; die andere, die weder besondere ökonomische noch staatliche Bedingungen zu ihren Gunsten hat, wird zu einem hoffnungslos verwesenden Kulturdünger, zu einer Masse verkommender Existenzen, die aus eigener Kraft eines Aufschwungs nicht mehr fähig sind.

Die Arbeiteraristokratie selbst kann sich aber der Früchte ihrer Selbstsucht nicht lange freuen. Die Solidarität aller Arbeiterschichten, das Zusammengehen der Starken mit den Schwachen, wird dem Proletariat nicht blos durch ideale Beweggründe geboten, durch dieselben Beweggründe, welche die modernen Arbeiter für alle Unterdrückten eintreten lassen, wer immer sie seien, sondern auch durch ihr wohlverstandenes eigenes Interesse.

Die Interessen der gesammten Arbeiterklasse hängen eben thatsächlich auf das Innigste zusammen; ihre ideale Solidarität ist blos das Abbild ihrer wirklichen Solidarität. Man kann nicht die eine Arbeiterschicht herabdrücken, ohne daß früher oder später die andern darunter leiden, wenn das auch direkt nicht merkbar ist. Wächst die Ausbeutung in einem Industriezweig, so wächst der Drang nach Ausbeutung auch in den andern, und umgekehrt.

Wo eine 13—14 stündige Arbeitszeit vorherrscht, ist es für besonders begünstigte Arbeiter schwerer, den 10 stündigen Arbeitstag aus eigener Kraft direkt zu erringen, für besonders wohlmeinende Fabrikanten schwerer, ihn zu gewähren, als wo etwa eine 11 stündige Arbeitszeit die Regel.

Die Solidarität des gesammten Proletariats äußert sich aber auch darin, daß ununterbrochen neue Schichten von Arbeitern aus günstigen in ungünstige Positionen geworfen werden. Die Großindustrie ist in beständiger Umwälzung begriffen. Ununterbrochen ergreift die Maschine neue Produktionszweige, in denen bisher noch die Handfertigkeit geherrscht, ununterbrochen machen neue Maschinen Arbeiter überflüssig und setzen an Stelle gelernter Arbeiter ungelernte, an Stelle von Männern Frauen und Kinder. Kein Arbeitszweig, auch der anscheinend geschützteste, ist vor dem Einbruch der Maschine sicher. Oft erfolgt ein solcher ganz unerwartet, sprunghaft. Gerade solche Gebiete, in denen die Arbeiter noch am widerstandsfähigsten sind, wählt sie mit Vorliebe zu ihren Invasionen. Besteht doch vom Standpunkt der Kapitalisten eine der Hauptaufgaben der Maschine darin, die Widerstandskraft der Arbeiter zu brechen. Immer größer wird die Masse der Proletarier, denen es nur mit Hilfe eines staatlichen Arbeiterschutzes möglich ist, diese Widerstandskraft zu bewahren, und jeder Arbeiter, in welchem Zweige immer er beschäftigt sei, muß sich gefaßt halten, heute oder morgen dieser Masse einverleibt zu werden, wenn er ihr auch anscheinend noch so fern steht. Keine Arbeiterschicht, die heute noch im Stande ist, dieselbe oder noch eine kürzere Arbeitszeit, als ein staatlicher Normalarbeitstag ihr geben würde, durch eigene ökonomische Kraft zu erringen und aufrecht zu halten, kann wissen, ob sie nicht morgen schon dieser Schranke des Normalarbeitstages bedarf.

Selbst die bestgestellten Arbeiter mit der kürzesten Arbeitszeit wirken nicht blos für ihre schwächeren Genossen, wenn sie für staatlichen Arbeiterschutz eintreten, sondern auch für sich selbst, auf jeden Fall für ihre Kinder.

Das haben die englischen Arbeiter bis in die fünfziger Jahre hinein ganz gut verstanden, und deßwegen haben sie, was sie wollten, zum guten Theil erreicht.

Aber ist der Normalarbeitstag auch wirklich die Opfer werth, die die Arbeiter seinetwegen gebracht haben und bringen? Daß die Uebel des Fabriksystems, auf die wir im Eingang unserer Arbeit hingewiesen, überall bestehen, wo es nicht eingeschränkt ist, wird heute allseitig zugegeben — höchstens böser Wille oder Unwissenheit können sie leugnen; wir finden diese Uebel nicht blos in England in allen ungeschützten Arbeitszweigen, sondern ebenso in den Industriestaaten des Kontinents, von Belgien bis Rußland und Italien.

Die Gegner der Arbeiterschutzgesetzgebung wissen denn auch nichts Anderes zu sagen, als daß diese — namentlich der Normalarbeitstag für erwachsene Männer; die anderen Forderungen des Arbeiterschutzes finden kaum noch prinzipiellen Widerstand — nicht das richtige Mittel sei, den besprochenen Uebeln zu steuern; im Gegentheil, er vergrößere sie; er schlachte das Huhn, das die goldenen Eier legt.

Wenn die Herren Fabrikanten und ihre Anwälte gegen den Normalarbeitstag auftreten, so selbstverständlich vor Allem im Interesse der Arbeiter. Die Verkürzung des Arbeitstages, sagen sie, führt zur Verkürzung der Löhne oder zum Ruin der Industrie; er nimmt dem Arbeiter sein Einkommen entweder zum

Theil oder ganz; und besser bei langer Arbeitszeit auskömmlich leben als bei kurzer verhungern.

Diese Argumente sind nicht neu; sie werden bald ein Jahrhundert alt sein. Die englischen Fabrikanten machten sie schon bei dem ersten Versuch, auch nur die Kinderarbeit einzuschränken, geltend. Es sei doch grausam, fanden sie, daß man die Arbeiterfamilien hindern wolle, ihren nothbürftigen Lohn aufzubessern, oder daß man gar die Industrie ruinire oder vertreibe und so tausende von armen Menschen des täglichen Brodes beraube. Und damit das ja nicht geschehe, einzig und allein im Interesse ihrer Arbeiter, haben die menschenfreundlichen Fabrikanten Englands ein halbes Jahrhundert lang einen erbitterten Kampf geführt, in dem sie edelmüthiger Weise nicht nur massenhaft Geld, sondern auch Grundsätze und Ehrenhaftigkeit opferten und alle Mittel der Gemeinheit und Niedertracht, Heuchelei, Lüge, Bestechung, Erpressung, Gesetzesverdrehung und Umgehung, Wortbruch 2c. 2c. aufwandten, um der Sache der Arbeiter zum Siege zu verhelfen, die sie, die Fabrikanten, mit solcher Entsagung gegen die Arbeiter selbst führten.

Dieselben Phrasen wie damals in England, werden heute auf dem Kontinent allüberall, wo Arbeiter den Normalarbeitstag verlangen, ins Feld geführt. Aber heute sind dieselben noch viel lächerlicher, als vor einem halben Jahrhundert. Denn sie sind seitdem nicht blos durch die Theorie, sondern auch durch die Erfahrungen als völlig absurd erwiesen worden, die Erfahrung, die man in England seit einem halben Jahrhundert mit dem Normalarbeitstag gemacht.

In England hat die Verkürzung der Arbeitszeit nicht nur nicht die Löhne verkürzt und die Industrie ruinirt; sie war vielmehr von einem außerordentlichen wirthschaftlichen Aufschwung und einem bedeutenden Steigen der Löhne gerade in den geschützten Industrien begleitet. Es fällt uns nicht etwa ein, zu behaupten, daß dieser Aufschwung die Folge der Verkürzung des Arbeitstags gewesen sei; er zeigt uns aber deutlich, wie wenig dieselbe ihn gehindert hat.

Im August 1850 war der Zehnstundentag für die englische Textilindustrie Gesetz geworden. Und 1853 begann ihr großartiger Aufschwung, der bis 1860 währte. 1850 zählte man in der Baumwollindustrie 1932 Fabriken mit 330,000 Arbeitern, 1861 2887 mit 451,000 Arbeitern; 1850 waren in denselben 21,000,000 Spindeln thätig, 1861 30,400,000. 1847 wurden 400 Millionen Pfund Baumwolle eingeführt (den Wiederexport abgerechnet), 1860 1140 Millionen. Die Zahl der Arbeiter und der Spindeln hatte sich um die Hälfte vermehrt; die Menge des verarbeiteten Rohstoffes fast verdreifacht: das war der Ruin, den der Zehnstundentag über die englische Industrie gebracht hat.

Am auffallendsten ist wohl die Erscheinung, daß trotz der Verkürzung der Arbeitszeit die Menge des verarbeiteten Rohmaterials weit mehr anwuchs, als die Zahl der beschäftigten Arbeiter.

Der Organismus der Produktion ist eben kein todter Körper, dessen Gefüge sich nicht verändert, welche äußere Gestaltung man ihm auch geben mag; er ist ein lebender Körper und zwar ein solcher mit bewunderungswürdiger Anpassungsfähigkeit; jede Veränderung des einen Theils wirkt auf alle andern zurück und gestaltet sie entsprechend den neuen Verhältnissen.

Die Vertreter des beschränkten Fabrikanteninteresses rechnen folgendermaßen: Verdient der Arbeiter bei 12stündiger Arbeitszeit 2 Mark 40 Pfennig, so bei 10stündiger blos 2 Mark. Beträgt der Werth des Jahresprodukts einer Fabrik bei 12stündiger Arbeitszeit sage 120,000 Mark, so bei 10stündiger blos 100,000 Mark, und machte der Fabrikant bei 12stündiger Arbeitszeit 20,000 Mark Profit, so verschwindet derselbe bei 10stündiger völlig, der Fabrikant geht seinem Ruin entgegen. So reden die Leute, die von dem Schlachten des Huhns reden, das die goldenen Eier legt.

Die obige Berechnung, derzufolge der Profit verschwindet, ist von vorneherein falsch, selbst wenn die Ersetzung der 12stündigen durch eine 10stündige Arbeitszeit gar keine Aenderung in der Produktionsweise herbeiführte.

Diese Rechnung widerspricht ihren eigenen Voraussetzungen. Wenn der Werth des Jahresprodukts um $1/6$ sinkt, so deßwegen, — nach der Voraussetzung — weil der Betrag der Produktion in diesem Maße gesunken ist. Es hat sich demnach auch die Menge des verarbeiteten Rohstoffs und — da nach der Voraussetzung eine Verminderung der Produktion auch ein Sinken der Löhne herbeiführt — auch die verausgabte Lohnsumme um $1/6$ vermindert. Sehen wir von allen andern Faktoren, Abnützung der Maschinen ꝛc. ab, die die Rechnung blos verwickeln würden, ohne am Endergebniß etwas Wesentliches zu ändern; nehmen wir an, in der ganzen Werthsumme des Produkts seien neben dem Mehrwerth nur Löhne und Rohmaterial enthalten; etwa 20,000 Mk. Löhne und 80,000 Mk. Rohmaterial, wenn der Gesammtwerth des Produkts 120,000 Mark; so wird, wenn dieser auf 100,000 Mark sinkt, nach den Voraussetzungen auch die Lohnsumme auf 16,667 Mark, und der Werth des verarbeiteten Rohmaterials auf 66,667 Mark, zusammen auf 83,334 Mark herabgegangen sein; der Profit ist also nicht verschwunden, sondern nur von 20,000 Mark auf 16,666 Mark gesunken, um $^1/_6$, also in dem gleichen Maße wie der Betrag des für Löhne und Rohmaterial ausgelegten Kapitals. Selbst wenn die Löhne sich gleich blieben, würde, trotz der verminderten Produktion, der Profit nicht verschwinden, sondern blos statt auf 16,666 auf 13,333 Mark herabgehen.

So offenbar falsch die oben angeführte Berechnung der angeblichen Vernichtung des Profits bei Verkürzung der Arbeitszeit um zwei, oder gar schon um eine Stunde ist, sie ist von hervorragenden bürgerlichen Oekonomen aufgestellt worden und findet heute noch ihre Vertreter.

Aber selbst wenn sie eben so richtig wäre, als sie falsch ist, und selbst wenn die sonderbaren Leutchen Recht hätten, welche den Interessen des den Profit einsackenden Unternehmers den wohlklingenden Titel von „Interessen der Industrie" verleihen, wie sie die Interessen der die Grundrente einsteckenden Junker „die Interessen der Landwirthschaft" nennen — selbst dann wären die auf ihr aufgebauten Einwände gegen die Arbeiterschutzgesetzgebung überhaupt und den Normalsarbeitstag insbesondere falsch. Denn die Verkürzungen der Arbeitszeit ebenso wie alle andern Einrichtungen im Interesse der Arbeiter gehen nicht spurlos an der Produktionsweise vorbei, sondern bilden einen der kräftigsten Hebel ihrer Vervollkommnung.

Vor Allem bedeutet fast in allen Arbeitszweigen eine Verkürzung der Arbeitszeit eine Vermehrung der Leistungsfähigkeit des Arbeiters. Der Arbeiter, der kürzere Zeit arbeitet, kann mehr oder besseres Produkt liefern, oft beides; er arbeitet sparsamer, verdirbt weniger u. s. w. In vielen Arbeitszweigen, namentlich in solchen, in denen eine übermäßige, erschöpfende Arbeitszeit herrschte, bedeutet eine Verkürzung des Arbeitstages geradezu eine nicht blos relative, verhältnißmäßige, sondern eine absolute Vermehrung der Produktion. Es ist eine bekannte Thatsache, die mit zahlreichen Beispielen belegt werden kann, daß die englischen Arbeiter, trotz ihrer höheren Löhne und kürzeren Arbeitszeit, dennoch verhältnißmäßig billiger arbeiten und besseres Produkt liefern, als kontinentale Arbeiter mit niedern Löhnen und langer Arbeitszeit.

Nach Brassey beträgt bei den russischen Landarbeitern im Sommer die tägliche Arbeitszeit 16, bei den englischen 10 Stunden; dafür verrichtet aber auch ein englischer Landarbeiter in einem Tag die Tagesarbeit von zwei russischen. Die gleichen Erfahrungen macht man in der Industrie. Nach Munbella sind in.

Rußland die Baumwollfabriken ununterbrochen in Thätigkeit. Es arbeiten zwei Arbeiterschichten, jede 75 Stunden die Woche. Während dieser 150 Stunden wird nicht mehr produzirt, als in England bei wöchentlich 60 Stunden.

Nach Mulhall betrug die Anzahl der Spindeln, die auf einen Arbeiter in der Baumwollindustrie kommen, im Anfang der achtziger Jahre in

Großbritannien 85
Vereinigte Staaten 66
Deutschland 46
Frankreich 24
Rußland 20
Oesterreich 20
Indien 20.

Je länger die Arbeitszeit, desto geringer die Arbeitsleistung. Und in diesen Zahlen kommt nur die Menge, nicht die Güte des gelieferten Produkts in Erscheinung; diese leidet noch mehr als die Menge durch Ueberarbeit.

Zu der natürlichen Steigerung der Leistungsfähigkeit der Arbeiter durch Verkürzung der Arbeitszeit gesellt sich eine künstliche. Das Interesse der Unternehmer wächst, ihre Arbeiter mit den möglichst besten Werkzeugen arbeiten zu lassen, bessere, leistungsfähigere Maschinen an die Stelle veralteter zu setzen, den Maschinenbetrieb in Arbeitszweige einzuführen, in denen er bis dahin nicht bestand. Endlich drängt der Normalarbeitstag, wie jede große Verbesserung der Lage der Arbeiterklasse, die Unternehmer in allen Betrieben, auch wo die Maschine noch nicht Eingang gefunden, zu größtmöglicher Oekonomie und rationeller Wirthschaft, zu Vermeidung jeglicher Verschwendung.

Wo die Arbeitszeit unbeschränkt und die Arbeiter nicht widerstandsfähig sind, wo die Folgen jedes ökonomischen Mißgriffes, jeder verfehlten Spekulation, jeder Rückständigkeit und Liederlichkeit auf die Arbeiter abgewälzt werden können, da ist der Antrieb zu einem rationellen Betrieb nur gering. Die Möglichkeit unbegrenzter Arbeiterschinderei wird geradezu ein Hinderniß der Entwicklung der Produktion. Der einzige Wetteifer, den die Fabrikanten unter diesen Verhältnissen entwickeln, ist der in der Ausdehnung der Arbeitszeit, in der Abrackerung ihrer Arbeiter.

Bequem ist das allerdings; es ist auch richtig, daß die Verbesserungen, die eine Verkürzung der Arbeitszeit erheischt, mitunter einen Aufwand von Kapital erfordern, dem mancher kleine Kapitalist nicht gewachsen ist. Der Normalarbeitstag, wie jede große Veränderung in der modernen Produktionsweise, beseitigt eine Reihe kleiner Unternehmer, die sich nur noch mühsam über Wasser hielten. Aber früher oder später wären diese doch zu Grunde gegangen, und ist der Untergang eines Unternehmens wirklich zu bedauern, das seine Existenz nur noch dadurch fristete, daß es jahraus jahrein hunderte von Existenzen von Familienvätern, Frauen und Kindern ruinirte?

Diese kleinen, konkurrenzunfähig gewordenen Kapitalisten sind die erbittertsten Gegner des Normalarbeitstages. Aber ihre Interessen sind nicht die Interessen der Industrie; wie auch immer der Normalarbeitstag einzelne Fabrikanten treffen mag, die Industrie in ihrer Gesammtheit schädigt er nicht, er fördert sie vielmehr im höchsten Grade. Er beseitigt blos, was nicht mehr lebensträftig, sondern morsch und abgefault, ein Hinderniß der Entwicklung ist.

Weit entfernt, die Produktion zu hemmen, wird die Arbeiterschutzgesetzgebung zu einem mächtigen Anstoß ihrer Fortentwicklung. Damit werden freilich die Erwartungen hinfällig, die Manche an den Normalarbeitstag als Mittel zur Einschränkung der Ueberproduktion und Beseitigung der Arbeitslosigkeit knüpfen.

Die Produktivkräfte, die der modernen Produktionsweise zu Gebote stehen, sind so gewaltige, und dieselbe vermag sie bei dem leisesten Anstoß mit so enormer Schnelligkeit zu entwickeln, daß eine Verkürzung der durchschnittlichen Arbeitszeit um 1—2 Stunden ihnen gegenüber kaum in's Gewicht fällt. Zur Einschränkung der Produktion durch bloße Verkürzung der Arbeitszeit müßte diese in einem Maße erfolgen, zu dem sich die Kapitalistenklasse kaum je verstehen wird, es sei denn, das Proletariat habe eine Macht erlangt, daß es des Normalarbeitstages überhaupt nicht mehr bedarf.

Was der Normalarbeitstag der Arbeiterklasse bietet, das ist die moralische und physische Wiedergeburt ihrer verkommenen Theile, das ist der Schutz gegen das Verkommen ihrer bisher noch begünstigteren Theile, das ist die Erhaltung und Vermehrung der Widerstandskraft der Arbeiterklasse, die Schaffung der Vorbedingungen zur ihrer politischen Reife. Das sind wohl auch für sich allein Ziele, groß genug, um die gewaltigsten Opfer und Anstrengungen zu rechtfertigen. Der Eifer der Arbeiter für den Normalarbeitstag geräth daher nicht in Gefahr, zu erkalten, wenn dieser in Bezug auf die Einengung der Ueberproduktion und die Beseitigung der Arbeitslosigkeit sich nicht so wirksam erweist, als sie es wünschen.

Indessen, wenn die Verkürzung der Arbeitszeit durch den Normalarbeitstag nicht im Stande ist, die Arbeitslosigkeit zu beseitigen, so kann sie dieselbe doch lindern.

Wohl ist es in den meisten Arbeitszweigen möglich, in Folge der Steigerung der Leistungsfähigkeit der Arbeiter, ferner durch

Einführung vollkommenerer Maschinen, größere Oekonomie ꝛc., dahin zu gelangen, oft ohne Uebergangszeit, daß ein Arbeiter in 10 oder sogar 8 Stunden ebensoviel erzeugt, als vordem etwa in 12 Stunden. Die Verkürzung der Arbeitszeit bedingt da bei gleichbleibendem Umfang der Produktion keine Vermehrung der Arbeiterzahl. Aber in einer Reihe von Arbeitszweigen ist das doch nicht der Fall. Man wird nun einwenden, daß dieselben durch den Normalarbeitstag zu schwer belastet würden. Dies trifft jedoch nicht zu. Alle diese Arbeitszweige sind solche, die bisher von der Maschine unberührt geblieben sind und die sich den Luxus technischer Rückständigkeit erlauben können, weil sie eine auswärtige Konkurrenz nicht zu scheuen brauchen, indem sie heute, wie im Mittelalter, blos den Lokalbedarf zu befriedigen haben. Diese von vorherein vor jeder auswärtigen Konkurrenz geschützten Industrien haben nicht die mindeste Schädigung davon zu erwarten, daß die Leistungsfähigkeit des Arbeiters eingeschränkt wird, so daß sie, um das gleiche Produkt, wie früher zu erzielen, eine größere Arbeiteranzahl beschäftigen müssen.

Zu diesen Industrien gehört namentlich das Baugewerbe. In Berlin ist z. B. nach einer mir vorliegenden Statistik in der Zeit von 1862—73 die Durchschnittsleistung eines Maurers in Folge von Verkürzungen der Arbeitszeit und anderer Vortheile, die die Arbeiter errangen, auf mehr als die Hälfte gesunken. Nach den Erfahrungen bei 50 Bauten wurden im Jahre 1862 von einem Mann per Tag durchschnittlich 623, 1873 nur noch 304 Ziegel gesetzt. Gleichzeitig stieg der Lohn von 1 Thaler auf 1 Thaler 15 Sgr. Trotzdem ist bekanntlich das Baugewerbe in Berlin nicht zu Grunde gegangen. Häuser kann man eben nicht auf dem Weltmarkt kaufen.

Die Zahl der Arbeitszweige, in denen eine Verkürzung der Arbeitszeit eine Vermehrung der Arbeitsgelegenheit nach sich zieht, ist jedoch zu gering, um einen fühlbaren Einfluß auf den Arbeitsmarkt auszuüben und die Arbeitslosigkeit erheblich zu verringern.

Viel wichtiger erscheint uns in Bezug auf die Arbeitslosigkeit und die Ueberproduktion jener Vortheil des Normalarbeitstages, daß er, ohne die jährliche Produktenmenge einzuschränken, darauf hinwirkt, die Produktion etwas beständiger zu gestalten, indem er Ursache wird, sie gleichmäßiger über das Jahr zu vertheilen und so den periodischen Wechsel zwischen Ueberarbeit und Arbeitslosigkeit aufzuheben.

Eine besondere Eigenthümlichkeit der modernen Produktionsweise ist ihre Anarchie, ihre Regellosigkeit, die sich umsomehr geltend macht, je großartiger die Produktionsmittel, je größer die

Produktivität der Arbeit, je umfangreicher die industrielle Reservearmee Arbeitsloser, je leichter es möglich, die Arbeitszeit zu
verlängern, je größer die Erleichterungen im Verkehr. Mit der
Möglichkeit, die Produktion sprunghaft auszudehnen, steigt auch
der Drang der Kapitalisten nach Ausnützung dieser Möglichkeit,
die mannigfache Vortheile und Bequemlichkeiten bietet. Namentlich
bei Modeartikeln herrscht immer mehr und mehr die Sucht, die
Zeit ihrer Produktion auf so wenig Arbeitstage als möglich zu-
sammenzupressen. Je schneller diese Zeit vorübergeht, je mehr in
derselben produzirt worden, desto länger natürlich die Zeiten des
„stillen Geschäfts", die „todte Saison", desto geringer die Beschäftigung während dieser Zeiten. Diese besondern Schwankungen,
die sich in gewissen Arbeitszweigen regelmäßig mit den Jahres-
zeiten wiederholen, haben nichts zu thun mit dem in größeren
Perioden (von etwa 10 Jahren) sich wiederholenden Kreislauf
zwischen allgemeinem wirthschaftlichem Aufschwung und allgemeiner
Krisis. Für die Arbeiter sind sie aber ebenso verderblich durch
den steten schroffen Wechsel zwischen aufreibender Ueberarbeit und
verlumpender Arbeitslosigkeit. Für das Gedeihen der Industrie
selbst sind sie ebensowenig nothwendig, als es für das Gedeihen
eines Menschen nothwendig ist, daß man seine schlechten Gewohn-
heiten duldet.

Freilich, wenn man den einzelnen Kapitalisten hindert, die
„Konjunktur", die „Saison" auszunutzen, so schädigt man ihn
empfindlich, weil dann die Besteller und Käufer ihn nicht berück-
sichtigen werden. Hindert man aber alle Kapitalisten gleichzeitig
an zeitweiser Ueberarbeit (nämlich ihrer Arbeiter), dann schädigt
man keinen einzigen unter ihnen. Die Folge der Beseitigung der
Ueberarbeit ist nur die, daß die Herren Kapitalisten von ihrer
üblen Gewohnheit lassen müssen, ihre Wünsche und Aufträge im
Handumdrehen erfüllt sehen zu wollen. Wo früher die Arbeiter
ein halbes Jahr lang zu Tod geschunden wurden, ein anderes
halbes Jahr lang in erzwungener Faullenzerei verkamen, haben
sie jetzt gleichmäßige Arbeit das ganze Jahr hindurch. Dies die
Erfahrung, die man in England in den dem Fabriksgesetz unter-
worfenen Arbeitszweigen gemacht hat, die auch in dieser Beziehung
einen wohlthuenden Gegensatz zu den völlig „freien" Fabriken und
Manufakturen bildeten und bilden.

Die Berufung der Gegner des Normalarbeitstages auf die
Nothwendigkeit der „Ausnutzung der Konjunktur und ähnliche
Geschäftshindernisse", die dem Normalarbeitstag im Wege stehen,
wird von den englischen Fabriksinspektoren nach den Erfahrungen
die sie gemacht, als „hohle Flause" behandelt (Marx).

Man ermesse hiernach, von welcher Fülle ökonomischer Weisheit es zeugt, wenn manchesterliche Socialreformer, wie Herr Baumbach („Der Normalarbeitstag", S. 25) verlangen, daß, wenn schon ein Normalarbeitstag eingeführt werde, die Fabrikanten doch wenigstens das Recht bekommen müßten, ihn zu gewissen Zeiten im Jahr, während der „Saison", als nicht bestehend zu betrachten, sonst würden Industrie und Arbeiter schwer leiden. Mit andern Worten, der Normalarbeitstag soll außer Kraft gesetzt werden gerade dann, wenn er am nöthigsten ist, und soll einer seiner besten Wirkungen, eine größere Stetigkeit der Produktion herbeizuführen, beraubt werden. Während der Geschäftslosigkeit, die naturgemäß der Ueberarbeit folgt, ließe sich Herr Baumbach den Normalarbeitstag eher gefallen. Die Fabrikanten auch.

Ein weiterer Einwand der Herren Baumbach und Konsorten gegen den Normalarbeitstag besteht darin, daß derselbe eine uniforme Zwangsjacke für die verschiedensten Industrien und Verhältnisse bildet; leichte und schwere Arbeit, leistungsfähige und wenig genügende Arbeiter, Alles werde unter einen Hut gebracht.

Auch hier darf man wieder auf das Beispiel Englands verweisen. Allerdings ist daselbst nicht, wie in Frankreich 1848, der Normalarbeitstag mit einem Federstrich dekretirt worden; das jetzt bestehende Fabriks- und Werkstättengesetz ist aus einer großen Zahl von Einzelgesetzen für die verschiedensten Industrien hervorgewachsen. Aber die englische Arbeitsgesetzgebung fand auch nicht in ihren Anfängen die kapitalistische Produktion so ausgebildet vor, wie sie jetzt ist; sie folgte ihr auf ihren Eroberungszügen aus einem Industriegebiet in's andere. Indeß so verschieden diese Gebiete waren, und so sehr auch jedes Einzelgesetz, das ein bestimmtes Gebiet dem Arbeiterschutz unterwarf, auf Grund eingehenden Studiums der thatsächlichen Verhältnisse, nicht vorgefaßter Meinungen erlassen wurde, sie alle stimmten in ihren wesentlichen Punkten so sehr überein, daß ihre Vereinigung zu einem einzigen Gesetz keine thatsächlichen Aenderungen, sondern nur eine Formänderung in sich schloß.

Angesichts dessen noch davon zu reden, daß es höchst bedenklich sei, die gesammte Industrie den gleichen Beschränkungen zu unterwerfen, ist geradezu lächerlich. Innerhalb dieser Schranken sind noch die mannigfachsten Abstufungen je nach den Bedürfnissen der einzelnen Industrien möglich. Der Normalarbeitstag ist nur ein Maximalarbeitstag, er bestimmt die Grenze, über die hinaus jede Arbeit, die Tag aus, Tag ein verrichtet wird, unter den heutigen Produktionsverhältnissen, der Einseitigkeit der Arbeit, ihrer Intensität u. s. w. schädlich wirken muß. Verkürzungen der Arbeitszeit innerhalb dieser Grenze sind keineswegs ausgeschlossen, wie ein Blick auf jedes Land zeigt, in dem ein Normalarbeitstag existirt. Es ist sogar denkbar, daß für verschiedene besonders gefährliche oder schwere Arbeiten solche Verkürzungen gesetzlich eingeführt werden, unbeschadet des Normalarbeitstages. In England gewinnt die Idee der staatlichen Festsetzung eines **achtstündigen Arbeitstages für Bergarbeiter** rasch auch in solchen Kreisen Boden, welche den zehnstündigen Arbeitstag für die übrige Industrie nicht verkürzt wissen wollen.

Heute schon bestehen in jedem Lande, in dem es einen gesetzlichen Arbeiterschutz gibt, eigene, in gewissen Punkten weitergehende Beschränkungen für besonders gefährliche Arbeiten, z. B. bei der Verarbeitung von weißem Phosphor, Quecksilber u. s. w. Der Normalarbeitstag ist also mit der Anpassung an besondere Verhältnisse durchaus nicht unvereinbar.

In anderer Weise soll der Normalarbeitstag durch seine Uniformirung aller Verhältnisse insofern schädlich wirken, daß er alle Gegenden eines Landes, ob hochindustriell, ob ökonomisch rückständig, ob mit tüchtigen oder wenig leistungsfähigen Arbeitern, auf eine Stufe stellt und dadurch die weniger begünstigten Gegenden benachtheiligt.

Die so sprechen, scheinen zu glauben, daß die Länge der Arbeitszeit durch die Leistungsfähigkeit der Arbeiter bestimmt werde. Das ist keineswegs der Fall. Wenn die Fabrikanten die Arbeitszeit verkürzen, so thun sie es nicht, weil die Arbeiter leistungsfähiger, sondern weil sie widerstandskräftiger geworden sind. Das Kapital dehnt die Arbeitszeit so weit aus, als es kann; es findet seine Grenze, abgesehen von der Erschöpfung des Arbeiters, blos im Widerstand des Staates und der Arbeiter. Höhere Leistungsfähigkeit ist nicht die Ursache, sondern die Folge kürzerer Arbeitszeit. Und indem der Normalarbeitstag überhaupt, wie schon oben ausgeführt, strebt, eine rückständige, liederliche Industrie in eine auf der Höhe der Zeit stehende, rationelle zu verwandeln, führt die Gleichheit der Arbeitszeit auch zur Ausgleichung der Unterschiede in den Entwicklungsstufen der verschiedenen Industriegebiete.

Uebrigens führt auch der Normalarbeitstag nicht eine völlige Gleichheit in der Länge der Arbeitstage eines Landes herbei. Oft haben Arbeiter, die in vorgeschritteneren Gegenden schon auf eigene Faust eine Herabsetzung der Arbeitszeit errungen haben, aus der Verkürzung derselben in den rückständigen Gegenden Anlaß genommen, eine noch weitergehende Verkürzung für sich zu erringen.

Im Uebrigen gilt hier, was oben gesagt worden: das Fehlen jeder Schranke treibt den Kapitalisten dazu, ebenso wie die Folgen seiner Mißgriffe, so auch die Folgen aller anderen ihm ungünstigen Umstände auf den Arbeiter abzuladen. Bezeichnend ist folgendes Beispiel: Elberfelder Zanellafabrikanten petitionirten gegen den zehnstündigen Arbeitstag — weil — unter Anderem — der englische Webstuhl und das englische Garn durch den Zoll für den Elberfelder Fabrikanten vertheuert würden. Von den englischen Löhnen im Vergleich zu den deutschen haben die Herren nicht gesprochen. Wie die Folgen aller anderen ungünstigen Umstände, wie alle Lasten, werden also auch die der Zollpolitik bei dem Fehlen des Normalarbeitstages auf den Arbeiter abgewälzt. Weil die Zölle Rohprodukte und Maschinen vertheuern, müssen die deutschen Arbeiter 13 Stunden arbeiten, anstatt 10. Gälte in Deutschland der zehnstündige Normalarbeitstag, die Industriellen hätten schon längst laut nach der Aufhebung der Zölle geschrien.

Der Normalarbeitstag drängt nicht nur zu einer rationellen Wirthschaft in jedem Einzelbetrieb, sondern auch zu einer rationellen Wirthschaftspolitik im Staatsleben. Weit entfernt, die Industrie zu ruiniren, ist er eines der kräftigsten Förderungsmittel ihrer Entfaltung.

Seine Position zu retten, bleibt dem Gegner des Normalarbeitstages nur noch ein Einwand übrig, der haltloseste und lächerlichste von allen: Er behauptet keck, der Normalarbeitstag in England, wie später in der Schweiz und Oesterreich, habe nur deßwegen der Industrie nicht geschadet, weil er — nicht zur Durchführung gelangte. Strikt durchgeführt wäre er unerträglich geworden, aber die Gesetzgebung selbst habe zahlreiche Auswege zu seiner Umgehung geschaffen, und wo das nicht gereicht, hätten die Herren Fabrikanten einfach geradezu das Gesetz gebrochen.

Von dieser kühnen Behauptung ist nur das Eine wahr, daß die Arbeiterschutzgesetzgebung den Fabrikanten allerdings vielfach Gelegenheit gegeben hat, zu zeigen, wie es mit ihrem Gesetzlichkeitssinn bestellt ist, wenn das Gesetz ihre Interessen auch nur im Mindesten und zu den besten und nothwendigsten Zwecken antastet.

Wären die Fabrikanten Alleinherrscher, kein Zweifel, die Arbeiterschutzgesetzgebung wäre allenthalben ein todter Buchstabe geblieben. Aber sie fanden zwei Hindernisse: erstens die Arbeiterklasse selbst, die überall, wo es ihr gelungen, einen gesetzlichen Arbeiterschutz zu erkämpfen, es auch verstanden hat, dessen Durchführung zu erzwingen; zweitens die staatlichen Inspektoren der Fabriken und Werkstätten, die namentlich in England völlig unabhängige Beamte sind, die, ganz ungleich den deutschen Inspektoren, selbst einem Minister trotzen durften, wenn derselbe sie veranlassen wollte, den Fabrikanten gegenüber ein Auge zuzudrücken, und die voll Pflichteifer und Thatkraft jeden Widerstand zu brechen, alle Schliche und Kniffe der Unternehmer aufzudecken wußten. Den vereinten Bemühungen dieser beiden Faktoren ist es gelungen, den Zehnstundentag zur thatsächlichen Durchführung zu bringen. In England steht er nicht auf dem Papier, wie Jeder zugestehen muß, der sich mit den englischen Inspektorenberichten beschäftigt hat. Er gilt als unantastbare Einrichtung in allen dem Fabrikgesetz unterstehenden Großbetrieben. Nur in den elenden Kleinbetrieben ist es bisher noch nicht gelungen, der Uebertretungen Herr zu werden. Das gilt aber nur als Sporn, auf Mittel zu sinnen, auch auf diesem Gebiet dem Gesetz Geltung zu verschaffen.

Aehnlich steht es in der Schweiz. Wenn auch dort der Normalarbeitstag seit viel kürzerer Zeit besteht, als in England, so ist es denn doch den vereinten Bemühungen der Arbeiterschaft und der Inspektoren gelungen, die Uebertretungen des Gesetzes immer mehr und mehr zu beseitigen. Sie werden immer seltener; die Industrie richtet sich auf den Normalarbeitstag ein und dieser wurzelt sich im Volksleben fest.

Auch was die gesetzlich erlaubten Ueberschreitungen des Gesetzes anbelangt, so steht es damit, wenigstens in England und der Schweiz nicht so schlimm, wie die Gegner der Arbeiterschutzgesetzgebung uns glauben machen wollen, und es werden deren Bestimmungen dadurch keineswegs illusorisch.

In der Schweiz kann eine Kantonsregierung einem Betrieb vorübergehend in Ausnahmsfällen das Arbeiten von Ueberzeit gestatten, doch beträgt dies in der Regel nur eine Stunde täglich.

Von England weiß uns Herr Baumbach, der in seiner Broschüre so ziemlich alle Einwände gegen den Normalarbeitstag erschöpft hat, folgendes zu erzählen: „Wenn (in England) nachgewiesen wird, daß der Geschäftsbetrieb mit Aufträgen überhäuft ist, so können Frauen und jugendliche Personen 48 Wochen im Jahr, 5 Tage in der Woche 14 Stunden lang täglich beschäftigt werden" („Normalarbeitstag", S. 10).

Als wir diese Konstatirung lasen, gaben wir unsere Sache verloren. In der That, wenn fast das ganze Jahr hindurch bei günstigem Geschäftsgang eine 14stündige Arbeitszeit erlaubt ist, dann sind alle Argumente für den Normalarbeitstag hinfällig, die man aus dem Beispiel Englands zieht. Indeß schöpften wir etwas Hoffnung aus dem Umstand, daß uns von dieser 14stündigen Arbeitszeit früher noch nichts bekannt geworden; wir erlaubten uns, Herrn Baumbach nicht auf's Wort zu glauben, und sahen im englischen Fabrik- und Werkstättengesetz von 1878 nach. Da fanden wir, daß bei dringender Nothwendigkeit (Elementarereignisse, plötzliche große Bestellungen u. s. w.) allerdings mit

Erlaubniß des Ministeriums des Innern die Arbeitszeit für Frauen und junge Personen von 6 Uhr Morgens bis 8 Uhr Abends, respektive 7 oder 8 Uhr Morgens bis 9 oder 10 Uhr Abends festgesetzt werden kann; aber 1. haben davon zwei Stunden auf Mahlzeiten zu entfallen, 2. darf die Beschäftigung nur 5 Tage in der Woche und 3. nur 48 Tage (nicht Wochen!) im Jahr dauern. Die Zahl der wöchentlichen Arbeitsstunden beträgt also auch in diesem Ausnahmsfall blos 60, sie sind nur anders als sonst über die Woche vertheilt, und selbst diese Ausnahme wird nur für 8 Wochen gestattet.

Die Gegner des Normalarbeitstages mögen sich drehen und wenden, wie sie wollen, der zehnstündige Maximal-Arbeitstag besteht in England für die geschützten Industrien nicht blos auf dem Papier, sondern in Wirklichkeit, und die vortheilhaften Erscheinungen, die diese Industrien aufweisen, sind nicht seiner Uebertretung zu danken; er ist auf's Strengste und Gewissenhafteste durchgeführt worden. Trotzdem hat er die gewaltige Entwicklung der in Rede stehenden Industrien in keiner Weise gehemmt, er hat sie vielfach gefördert. Es ist daher völlig unberechtigt, den Normalarbeitstag vom Standpunkt der Interessen der Industrie zu bekämpfen.

III.
Der Arbeiterschutz und die Arbeiterklasse.

Noch unberechtigter ist die Gegnerschaft gegen den Normalarbeitstag und den Arbeiterschutz überhaupt aus angeblicher Fürsorge für die Arbeiter. Der Normalarbeitstag, sagen seine Gegner, schmälert den Lohn des einzelnen Arbeiters; die Einschränkung der Frauenarbeit, das Verbot der Kinderarbeit schmälert das Einkommen der Arbeiterfamilie. Eins ist so falsch wie das Andere.

Betrachten wir zunächst die in Folge der Verkürzung der Arbeitszeit angeblich eintretende Lohnverkürzung. Selbst angenommen, eine solche fände statt, so brauchte dieselbe nicht nothwendig eine Verschlechterung der Lage des Arbeiters zu bedeuten. Der Arbeiter gibt, wenn er 12 Stunden lang arbeitet, unter sonst gleichen Umständen, mehr Arbeitskraft aus, als wenn er blos 10 Stunden arbeitet, und zwar nicht blos verhältnißmäßig — um ein Sechstel — sondern unverhältnißmäßig mehr. Der Verschleiß der Arbeitskraft gegen Ende des Arbeitstages, wenn der Arbeiter schon ermüdet, ist größer, als bei seinem Beginn, wenn er noch frisch. Ein Arbeiter, der länger arbeitet, verbraucht daher auch mehr — natürlich immer unterstellt, daß die sonstigen Verhältnisse sich gleich bleiben. Er muß nicht nur mehr oder kräftigere Nahrung zu sich nehmen, um den Mehrverbrauch von Arbeitskraft zu ersetzen, er muß auch oft zu Anregungsmitteln greifen, um sich während der Arbeitszeit munter zu erhalten. Der etwaige Mehrverdienst in Folge der längeren Arbeitszeit ist blos ein scheinbarer; er geht auf für Schnaps und ähnliche schöne Dinge. Nirgends herrscht mehr Trunkenheit als in den Gegenden einer unbeschränkten Großindustrie.

Der Mehrverdienst ist blos ein scheinbarer — wenn er überhaupt vorhanden ist. In der Regel ist das aber gar nicht der Fall; den Mehrausgaben für Nahrung und Getränke 2c. steht keine entsprechende Mehreinnahme zur Seite und das Ende des Arbeiters ist vorzeitiger Bankerott, finanzieller, moralischer und physischer. Das ist sein Loos dort, wo er dem Kapital ungeschützt gegenüber steht, weder auf eine kraftvolle Organisation, noch auf staatliche Maßnahmen gestützt.

Es ist weder die Länge der Arbeit (bei Zeitlohn) noch ihre Leistung (bei Stücklohn), wodurch in letzter Linie die Höhe des Lohnes bestimmt wird. Seine Grundlage bildet der Werth der Arbeitskraft, ihre Produktionskosten, das heißt, die durchschnittlichen, üblichen Erhaltungskosten des Arbeiters und seiner Familie, soweit sie von ihm abhängig ist. Aus dem Durchschnittslohn einerseits und der üblichen, durchschnittlichen Arbeitszeit oder Arbeitsleistung anderseits berechnet der Kapitalist, ein wie großer Bruchtheil des Lohnes auf eine Stunde oder eine gewisse Produktenmenge entfällt, und danach zahlt er die einzelnen Arbeiter aus. Arbeitet ein einzelner Arbeiter länger oder erzeugt er mehr, als die Regel, so wird er einen höheren Lohn erhalten. Wird aber die Arbeitszeit für alle Arbeiter verlängert oder werden sie alle leistungsfähiger, dann steigt keineswegs der Lohn im entsprechenden Maße. Der Durchschnittslohn wird jetzt durch eine größere Stundenzahl oder eine größere Menge Produkte dividirt und das Ergebniß ist, daß die Bezahlung für die einzelne Stunde oder das einzelne Stück sinkt; eine Erfahrung, die namentlich bei der Stückarbeit wohl die meisten Arbeiter selbst gemacht haben. Wird die Arbeitszeit verringert, dann muß natürlich in demselben Maße die Bezahlung der einzelnen Stunden steigen, bis die alte Lohnhöhe wieder erreicht ist.

Und oft bleibt die Steigerung bei diesem Punkt nicht stehen. Wir haben gesagt, der Werth der Arbeitskraft bildet die Grundlage des Arbeitslohnes. Das soll nicht etwa so aufgefaßt werden, daß der Arbeitslohn eine fixe, unveränderliche Größe sei.

Der Werth der Arbeitskraft, die üblichen Erhaltungskosten des Arbeiters und seiner Familie wechseln; ein Fallen der Getreidepreise z. B. strebt danach, sie zu senken, ein Steigen derselben wirkt in entgegengesetzter Richtung u. s. w. Aber der Werth der Arbeitskraft bildet auch blos die Grundlage, nicht den einzigen Bestimmungsgrund der Höhe des Arbeitslohnes. Andere Bestimmungsgründe sind Nachfrage nach und Angebot von Arbeitskräften, die Widerstandskraft der Arbeiter, bedingt durch die Größe und Stärke ihrer Organisationen; das Verhalten der Staatsgewalt, der Polizei, zu ihnen, also das Maß politischer Freiheiten und Rechte, das sie genießen; der staatliche Schutz, der ihnen zu Theil wird u. s. w.

Es ist klar, daß die Einschränkung der Arbeitszeit in dieser Beziehung blos günstig, nicht ungünstig für die Arbeiter wirken kann.

Die Gegner des Normalarbeitstages behaupten, derselbe schränke die Leistung der einzelnen Arbeiter ein. Wir haben gesehen, wie falsch das im Allgemeinen ist. Aber geradezu lächerlich ist es, wenn sie aus der angeblichen Einschränkung der Produktion den Schluß ziehen, die Löhne würden entsprechend sinken. Der schon einigemale erwähnte Baumbach meint, ein Fabrikant, der durch den Normalarbeitstag gezwungen werde, 57 statt 50 Arbeiter zu beschäftigen, werde nach wie vor dieselbe Lohnsumme zahlen, dieselbe aber unter mehr Arbeiter vertheilen, so daß ein Jeder weniger erhalte (der Normalarbeitstag, S. 30). Nein, Verehrtester, das wird er nicht. Als Freihändler sollten Sie das Gesetz von Nachfrage und Angebot besser kennen und wissen, daß, wenn die Nachfrage steigt, ohne daß das Angebot wächst, die Preise des betreffenden Artikels, in unserem Fall der Arbeitskraft, steigen, nicht sinken. Auf dem Markt entscheiden nicht die Absichten des Käufers allein, und die Herren Fabrikanten sind noch nicht in der angenehmen Lage, die Löhne einzig nach ihrem Gutdünken festsetzen zu können.

Indeß, wie gesagt, der Normalarbeitstag schränkt die Produktion des einzelnen Arbeiters im Großen und Ganzen nicht ein — wenigstens keiner der bisher geltenden oder vorgeschlagenen Normalarbeitstage, von denen auch der kürzeste, der achtstündige, nicht über das Maß hinausgeht, das thatsächlich bereits in einigen Gegenden ohne Gefährdung der Industrie erreicht worden. Der Normalarbeitstag drängt vielmehr dazu, die Produktivität der Arbeit zu steigern; nur in wenigen Arbeitszweigen, auf die die Maschine bisher noch keine Wirkung übt, kann er auf die Dauer eine Vermehrung der Zahl der Beschäftigten und damit eine Steigerung ihrer Löhne hervorrufen. Im Allgemeinen wird er die Zahl der Beschäftigten zum Mindesten direkt nicht merklich beeinflussen.

Eine viel mächtigere und einschneidendere Wirkung der Verkürzung der Arbeitszeit besteht darin, daß sie die Arbeiter selbstständiger und widerstandsfähiger macht. So lange der Proletarier arbeitet, ist er in der heutigen Produktionsweise eine bloße belebte Maschine. Nur außerhalb der Arbeit ist er Mensch, gehört er sich, seiner Familie, dem Gemeinwesen. Uebermäßige Arbeitszeit verdummt und verthiert den Arbeiter, raubt ihm Energie und Selbstvertrauen, das Interesse und die Lust, sich mit anderen, als den nächsten, beschränktesten, persönlichsten Angelegenheiten zu beschäftigen. Männer, die erschöpft vom Tagwerk kommen, um in eine Ecke hinzusinken und nach kärglichem Mahl sofort einzuschlafen, worauf am frühen Morgen schon wieder die Plage beginnt, die sind nicht im Stande, für die großen Interessen ihrer Klasse, für ihre eigenen weiteren Interessen Verständniß und Enthusiasmus zu gewinnen.

Eine Verkürzung des Arbeitstages gibt ihnen etwas Muße, befähigt sie, sich zu organisiren und zu bilden, ihre Klasseninteressen zu erkennen und dafür einzutreten.

Manche Pharisäer wollen von der Verkürzung des Arbeitstages angeblich blos deßhalb nichts wissen, weil die Arbeiter ihre freie Zeit doch nur dazu anwenden, in den Schenken herumzulungern. Thatsächlich sind es gerade die überarbeiteten Proletarier, die am meisten nach dem Wirthshaus drängen. Nur noch für den Schnaps haben sie sich die Genußfähigkeit bewahrt.

Wenn diese Pharisäer wirklich in dem Wirthshausbesuch der Arbeiter ein so großes Unglück sehen, dann sollen sie das einzige wirksame Mittel dagegen begünstigen: nicht lange Arbeitszeit, sondern unabhängige, blühende Arbeitervereine. Wo die Arbeitervereine gedeihen, da leeren sich die Schnapsschenken. Wer die Arbeitervereine unterdrückt, treibt die Arbeiter in's Wirthshaus, als dem einzigen Ort, der ihnen geblieben ist, ihr häusliches Elend zu vergessen und sich mit ihren Genossen über ihre gemeinsamen Angelegenheiten auseinanderzusetzen.

Die Verkürzung des Arbeitstages ist eines der mächtigsten Mittel, das Proletariat ökonomisch und politisch selbstständiger und widerstandsfähiger zu machen, und dadurch, nicht durch Steigerung der Nachfrage nach Arbeitern, wirkt der Normalarbeitstag als ein Mittel, die Löhne zu erhöhen.

Auch hier wieder liefert den deutlichsten Beweis England. Der Inspektor A. Redgrave gab im Inspektorenbericht vom 30. April 1860 eine Statistik der Löhne in Baumwoll-Fabriken in Manchester vor und nach Einführung des Zehnstundentages.

Es betrug der Lohn

	1839	1859
	69 Stunden	60 Stunden
	wöch. Arbeitszeit	wöch. Arbeitszeit
	Schillinge	Schillinge
Spinner (am Selfaktor)	16—18	20—22
Anbreher	8	10
Duplirerinnen	7	9
Abnehmer (Doffers)	4	5
Taglöhner	10	13

In den anderen Zweigen der vom Fabrikgesetz betroffenen Textilindustrie konnte man die gleiche Erscheinung constatiren: Ueberall waren die Löhne gestiegen. Dies wurde aber keineswegs durch eine allgemeine steigende Lohnbewegung jener Zeit veranlaßt. Redgrave untersuchte die Höhe der Löhne 1839 und 1859 in verwandten Industriezweigen, die dem Fabrikgesetz noch nicht unterworfen worden waren, in denen die Arbeitszeit sich nicht geändert hatte und den Arbeitern während der Konjunktur Gelegenheit zu „Mehrverdienst" in ausgedehntem Maße gegeben wurde. 14 und 15stündige Arbeitszeit war in diesen Industriezweigen nicht selten*). Wie gestalteten sich da die Löhne? Redgrave fand z. B. in Kattundruckereien folgende Löhne:

	1839	1859
	Schillinge	Schillinge
Farbenmischer	35	32
Maschinendrucker	40	38
Blockschneider	35	25
Blockdrucker	40	28
Färber	18	16
Wäscher und Taglöhner	16. u. 15	16 u. 15.

Die Löhne sind also in der Kattundruckerei, in der die Arbeiter durch das Gesetz nicht „gehindert wurden, so viel zu verdienen, als sie wollten", gefallen, während sie gleichzeitig in den Spinnereien und Webereien gestiegen sind, die der „Tyrannei" des Fabrikgesetzes unterlagen.

Wir sehen, die Thatsachen führen eine andere Sprache als die Gegner des Normalarbeitstages; weit entfernt, die Löhne zu senken, führt er vielmehr zu einer dauernden Steigerung derselben, zu einer Hebung der Arbeiterklasse in jeder Beziehung.

---

*) Durch das Gesetz von 1845 war allerdings auch der Versuch gemacht worden, die Arbeiter in Kattundruckereien zu schützen. Aber wie!? Der Arbeitstag für Frauen und Kinder bis 13 Jahren wurde auf — 16(!) Stunden „eingeschränkt."

Und dasselbe ist der Fall mit den Bestimmungen, die das Verbot der Kinderarbeit und größeren Schutz der Frauenarbeit, Verbot der Nachtarbeit, der Sonntagsarbeit ꝛc. zum Zweck haben. Die Fabrikanten und ihre Anwälte erklären es für eine große Härte, daß es dem Arbeiter verboten sein soll, sein dürftiges Einkommen dadurch ein wenig aufzubessern, daß seine Kinder ihm helfen. Mit den rührendsten Worten wissen sie hier ebenso, wie wenn es sich um den Normalarbeitstag handelt, die elende Lage des Arbeiters zu schildern, der im größten Elend sei, wenn ihm verboten werde, Ueberzeit zu machen und Weib und Kind in die Fabrik zu schicken. Die Herren gerathen dabei in so hochgradige moralische Entrüstung gegen die Vertreter des Arbeiterschutzes, daß man annehmen müßte, diese seien die Ausbeuter, diejenigen, die so schlechte Löhne zahlen. Es gibt in der That nichts Heitereres, als wenn die Unternehmer die Hungerlöhne, die sie selbst zahlen, als Argument gegen den Arbeiterschutz in's Feld führen. Dies Argument gilt aber ebensowenig in Bezug auf den besonderen Frauen= und Kinderschutz, wie in Bezug auf den allgemeinen Normalarbeitstag.

Der Lohn des Arbeiters wird bestimmt, wie schon gesagt, durch die Erhaltungskosten des Arbeiters und seiner Familie. Ist es üblich, daß Weib und Kind des Arbeiters nicht ihre Arbeitskraft verkaufen, dann sind diese Erhaltungskosten natürlich bedeutend höher als wenn Frau und, von einem gewissen Alter an, die Kinder „für sich selbst sorgen." Frau und Kinder des Arbeiters helfen dadurch nicht dem Gatten, sondern dem Fabrikanten, dem sie es ermöglichen, mit den Erhaltungskosten der Arbeiterfamilie nicht blos eine, sondern mehrere Arbeitskräfte zu kaufen.

Freilich sind die Erhaltungskosten des Arbeiters und seiner Familie nur der wesentlichste, nicht aber der einzige Bestimmungsgrund der jeweiligen Höhe des Arbeitslohnes. Nachfrage nach und Zufuhr von Arbeitskräften, die Widerstandsfähigkeit der Arbeiterklasse ꝛc. beeinflussen dieselbe ebenfalls, wie wir schon ausgeführt. Aber alle diese Momente werden, wie durch den Normalarbeitstag, so durch vergrößerten Frauen= und Kinderschutz zu Gunsten der Arbeiter verstärkt, nicht geschwächt. Es ist schon vom bloßen Lohnstandpunkt aus für die Arbeiter ein großer Vortheil, wenn die Konkurrenz der anspruchslosesten und widerstandsunfähigsten Verkäufer von Arbeitskraft beseitigt oder eingeschränkt wird.

Vom bloßen Standpunkt der Lohnfrage aus wäre nicht blos die völlige Ausschließung der Kinder, sondern auch die der Frauen von der industriellen Arbeit für die gesammte Arbeiterklasse keine Härte, sondern ein großer Vortheil.

Aber die Arbeiterklasse hat noch höhere Interessen zu wahren als die ihres augenblicklichen Lohnes. Ihre dauernden Klasseninteressen hängen auf's innigste zusammen mit der ökonomischen und politischen Entwicklung. Augenblicksvortheile, die diese Entwicklung hemmen oder die Erlangung ihrer politischen Reife verzögern, schädigen die dauernden Interessen der Arbeiterklasse und verzögern ihre endgiltige Befreiung.

Das naheliegendste Beispiel bietet die Maschine selbst. Die Einführung und Entwicklung des Maschinenwesens in der Industrie ist, wie wir gesehen, mit den größten Leiden und der ärgsten Niederdrückung der Arbeiterklasse verbunden. Die Arbeiter haben daher versucht, sich dagegen in der Weise zu wehren, daß sie die Maschinen überhaupt beseitigt sehen wollten, die sie mitunter zertrümmerten. Heute kommt das in keinem Industrieland mehr vor. Die Arbeiter wissen, daß es vergeblich wäre, die Richtung der ökonomischen Entwicklung ändern zu wollen, daß das Maschinenwesen mit der modernen Kultur unzertrennlich verknüpft ist, daß dessen Aufhebung unerträgliche Zustände schaffen, ja das Leben unmöglich machen würde; sie sind aber auch zur Erkenntniß gekommen, daß gerade die moderne Technik, die moderne Großindustrie es ist, wodurch die Vorbedingungen einer neuen, höheren Gesellschaftsordnung geschaffen werden; daß die Maschine, die heute den stärksten Antrieb bildet, die Lasten der arbeitenden Klassen zu vermehren, unter andern gesellschaftlichen Verhältnissen das mächtigste Mittel bilden kann, die Lasten der Arbeit auf ein ganz unbedeutendes Maß zu reduziren; daß sie dadurch Muße für Alle bietet und es ermöglicht, daß die Theilung der Gesellschaft in Klassen, Herrschende und Beherrschte, Wissende und Unwissende, aufhört und die Klassengegensätze durch Aufhebung der Klassen überwunden werden. Jeder Versuch, die Entwicklung des Maschinenwesens zu hemmen, wird demnach zu einem Versuch, die Vorbedingungen der Befreiung der Arbeit einzuengen und diese Befreiung selbst zu verzögern. Die Logik der Thatsachen selbst hat die Arbeiter auf den richtigen Weg geführt; sie versuchen nicht mehr, sich der Entwicklung des Maschinenwesens zu widersetzen, sie suchen nur seine schädlichen Folgen abzuwehren und sie, soweit dies schon unter den heutigen Verhältnissen thunlich, aus einem Mittel der Ueberbürdung zu einem Mittel der Entlastung zu gestalten durch eine möglichst weitgehende Arbeiterschutzgesetzgebung.

Verhält es sich ebenso mit einer der Folgen des Maschinenwesens, der Frauen- oder Kinderarbeit?

Ueber die Kinderarbeit brauchen wir nicht viele Worte zu

verlieren, da die Nothwendigkeit ihres gänzlichen Verbotes bis zum 14. Jahr in allen Kreisen, die die Profitwuth noch nicht unzurechnungsfähig gemacht hat, theoretisch anerkannt wird. Daß dies Verbot die Entwicklung der Industrie nicht hindert, beweist die Schweiz, wo seit 1877 Kinder unter 14 Jahren nicht in Fabriken beschäftigt werden dürfen. Auch in Oesterreich hat noch vor Erlaß des neuesten Fabriksgesetz die allgemeine Schulpflicht die Arbeit der Kinder unter 14 Jahren in Fabriken ziemlich eingeschränkt, ebenso in Deutschland, ohne Nachtheil für die Industrie. Das gänzliche Verbot der Beschäftigung von Kindern von 12 bis 14 Jahren würde von der deutschen Industrie ebenso leicht getragen werden können, wie es von der österreichischen, jedenfalls nicht überlegenen, getragen wird. Es würde blos die Schmutzkonkurrenz hart treffen, und das wäre kein Unglück.

Schädigt dies Verbot nicht die Industrie, so fördert es anderseits entschieden die moralische und physische Hebung der Arbeiterklasse und muß von ihr auf das energischste verlangt werden. Einige Gegner des Arbeiterschutzes faseln zwar davon, daß die Arbeiterkinder verdorben würden, wenn sie außer den Schulstunden auf den Straßen herumstrolchen müßten; ein Heim hätten die armen Kinder doch nicht, da ihre Mütter in den Fabriken arbeiteten, und es wäre aus „pädagogischen" Gründen sehr wünschenswerth, wenn sie ihnen dahin folgten. Die Fabrikanten haben doch eine sonderbare Logik: Daß die Fabrikanten Hungerlöhne zahlen, soll ein triftiger Grund sein dafür, daß sie die Arbeitszeit in's Unbegrenzte verlängern dürfen; und daß sie den Kindern ihre Mütter nehmen, soll darthun, wie wohlthätig es sei, wenn auch die Kinder ausgebeutet würden. Daß man die Arbeitszeit der Mütter abkürzen könne, auf daß sie ihren Kindern früher wiedergegeben würden, für diese Idee scheint in dem Gehirn eines Gegners des Arbeiterschutzes kein Platz zu sein.

Indeß selbst, wo das „unmöglich" sein sollte, wird es sich immer noch als besser für das leibliche und geistige Wohl der Kinder herausstellen, wenn sie mit Altersgenossen in der freien Luft spielen, als wenn sie in der heißen, feuchten Fabrikluft eintönige, geisttödtende Handgriffe stundenlang verrichten, mit halbwüchsigen und erwachsenen Personen beiderlei Geschlechts zusammenarbeitend, die nicht immer das beste Beispiel abgeben. Die Kinderarbeit in der Fabrik bedeutet nichts weniger, als das idyllische Zusammenarbeiten der Arbeiterfamilie, als das es mitunter geschildert worden.

Die Verbindung des Schulunterrichts mit Arbeit, und zwar nicht bloßer Uebung in der Handfertigkeit, sondern produktiver

Arbeit, ist zwar, wie das Beispiel Robert Owens gezeigt hat, von großer pädagogischer Bedeutung; aber unsere Fabrikanten sind keine Owens und unsere Fabriken keine pädagogischen Musteranstalten. Die Durchführung der Verbindung von Unterricht mit Arbeit darf nicht verknüpft werden mit kapitalistischer Ausbeutung; sie muß einer höheren Gesellschaftsform überlassen werden, soweit nicht unsere Schule sich dieser Aufgabe gewachsen zeigt.

Das Verbot der industriellen Arbeit der Kinder vor dem 14. Jahr ist heute unbedingt zu verlangen.

Weniger einfach liegt die Sache bezüglich der Frauenarbeit.

Daß die Arbeit der Frauen in der kapitalistischen Industrie höchst bedenkliche Erscheinungen ökonomischer, moralischer und physischer Natur im Gefolge hat, daß sie die männlichen Arbeiter oft sehr schädigt und herabdrückt, wird Niemand leugnen wollen, der die einschlägigen Verhältnisse einigermaßen beobachtet hat. Lohndrückerei, Prostitution, körperliche Entartung sind die Folgen der Erlaubniß für die Arbeiterin, den Lohn ihres Gatten oder Vaters durch ihre Mithilfe zu „erhöhen". Kein Wunder, daß zahlreiche Arbeiter und Arbeiterfreunde das gänzliche Verbot einer Einrichtung verlangen, die solche Mißstände zu Tage fördert.

Die Frage ist blos wie bei der Maschine: Ist das Verbot möglich und fördert es die dauernden Interessen der Arbeiterklasse?

Die Frau gehört in's Haus, in die Familie, heißt es. Sicher ist dort ihr Platz gewesen, war sie dort nothwendig und nützlich. Aber die moderne Entwicklung entzieht ihr eine der Arbeiten, die ihr da oblagen, nach der andern. Die Schule nimmt ihr immer mehr die Beaufsichtigung und Erziehung der Kinder ab, sobald diese ein gewisses Alter erreicht. Die Kindergärten setzen diese Altersgrenze sehr weit herab. Die Arbeiten der häuslichen Industrie — Spinnen, Weben, Nähen, Backen (namentlich von Brod), Brauen, Einsieden, oft auch Waschen und Kochen 2c. — werden ihr immer mehr entzogen, theils dadurch, daß die Haushaltungen immer kleiner werden, eine Folge der zunehmenden Proletarisirung und der Auflösung der Familien, theils dadurch, daß die technische Entwicklung die einzelnen Arbeiten, die von der Frau bisher verrichtet wurden, immer mehr zu Arbeiten bestimmter industrieller Berufe macht. Wo Handwerk und Bauernthum vorherrschen, kann ein Einzelner kaum existiren, wenn er nicht einem wohlgeordneten, größeren Haushalt angehört; Jeder muß entweder Hausvater sein, respektive Hausmutter, oder unter der Oberhoheit eines Hausvaters leben als jüngerer Bruder oder Schwester, Kind, Knecht, Magd 2c. In demselben Maß, in dem die kapitalistische Produktionsweise fortschreitet, werden die einzelnen großen Haushaltungen überflüssiger; in einer modernen Großstadt kann man sehr bequem leben, ohne einen eigenen Hausstand zu begründen. Die Arbeit der Frau im Haushalt schwindet; die Hausfrau wird ein Luxusartikel, den sich immer weniger Menschen erlauben können; die Frau, nicht blos die unverheirathete, auch die verheirathete, wird immer mehr gezwungen, Arbeit außerhalb des Hauses, außerhalb der Familie zu suchen. Unter diesen Umständen ihr zurufen, daß sie in das Haus, in die Familie gehört, ist Hohn oder Unverstand. Ebensogut könnte man dem Arbeiter, der hinter der Mähmaschine einhergeht, zurufen, er solle zur Sense greifen, oder dem Weber in der Fabrik, er gehöre an den Handwebstuhl

Das Kapital schafft sich selbst das Proletariat, dessen es bedarf. Ebenso wie durch den Ruin der bäuerlichen und kleinbürgerlichen Kleinbetriebe, wirkt es dahin durch die Auflösung der überkommenen Familienform. Wie der Bauer vom Boden wird die Frau losgelöst von ihrer bisherigen Existenzbedingung, ihrem bisherigen Produktionsmittel, dem Haushalt, und sinkt, wenn unbemittelt, in's Proletariat; ihr den Weg in's industrielle Proletariat versperren, heißt, ihr den Weg in's Lumpenproletariat weisen, zur gewerbsmäßigen Prostitution.

Die Aufrechthaltung der überkommenen Beschränkung der Frau auf die Haushaltungsarbeit ist unmöglich, ebenso unmöglich wie die Aufrechthaltung des kleinen Handwerks. Sie zu wünschen, liegt weder in dem einen noch in dem andern Fall im Interesse des Proletariats. Die Proletarier freuen sich ebensowenig darüber, daß die Frau zur industriellen Arbeit gedrängt wird, als sie sich über den Untergang der Kleinbetriebe freuen, denn sie wissen, daß dieser Vorgang in der heutigen Gesellschaft ein für die Betheiligten ebenso qualvoller wie korumpirender ist; aber sie versuchen keineswegs, das Unaufhaltsame zu hindern; denn sie würden damit nicht die Leiden vermindern, mit denen der Vorgang verbunden ist, sondern sie blos verlängern.

Daß die Einzelhaushaltung im bisherigen Sinne technisch überflüssig gemacht wird, ist eine der Voraussetzungen, die erfüllt sein müssen, soll die körperliche Arbeit für alle Gesellschaftsmitglieder auf ein unbedeutendes Maß verringert und der Gegensatz zwischen Handarbeit und Kopfarbeit aufgehoben, soll die Arbeit befreit werden können. Die Emanzipation der Arbeiterklasse ist unmöglich ohne die Emanzipation der Frau vom Haushalt, ohne deren Eintritt in die Reihen der industriellen Berufsarbeiter.

Dies ist auch noch aus einem anderen, näherliegenden Grunde nothwendig.

Die Frau, die auf die Einzelhaushaltung beschränkt ist, sieht in ihrer Familie das einzige Gemeinwesen, dessen Interessen sie kümmern. Die Familie ist das einzige Gemeinwesen, auf das sie Einfluß nehmen kann. Sie kennt kein politisches, kein Klassen=interesse. Den dauernden Interessen ihrer Klasse, oder wenn man will, der Klasse ihres Mannes, gegenüber kennt sie nur dessen und ihrer Familie Sonderinteressen, Augenblicksinteressen. Jeder, der in der Arbeiterbewegung gewirkt hat, weiß, wie schwer gerade die Arbeiterfrauen zu gewinnen sind, mit welcher Abneigung die meisten von ihnen die Betheiligung ihrer Männer auch nur an der gewerkschaftlichen Bewegung, geschweige denn der politischen Bewegung, betrachten, oder wenigstens betrachtet haben. Denn seit einiger Zeit ist es besser geworden, aber wodurch? Durch die Verbreitung der industriellen Berufsarbeit der Frauen. Da= durch, daß die Frau industrielle Lohnarbeiterin wird, wird sie auch in den Klassenkampf des Proletariats hineingezogen; sie ge= winnt Verständniß für dessen Klasseninteressen und damit auch politisches Verständniß. Aus einem Hemmniß der Arbeiterbewegung wird die Frau so früher oder später zu einer ihrer bewegenden Kräfte; und mit derselben Zähigkeit und Energie, mit der sie als Hausfrau die augenblicklichen Sonderinteressen ihrer Familie gegen= über den dauernden Interessen ihrer Klasse vertrat, vertritt sie jetzt diese Interessen gegenüber denen anderer Klassen, selbst wenn sie und die Ihren augenblickliche Opfer deßwegen zu bringen haben. Auch in diesem Sinne ist die Emanzipation der Arbeiterklasse nicht möglich ohne die Emanzipation der Frau vom Einzelhaushalt.

Das Verbot der industriellen Berufsarbeit der Frauen ist unmöglich, denn es ist nicht mehr möglich, die alten, patriarchal= ischen Familienverhältnisse wieder herzustellen. Und selbst, wenn es möglich wäre, sprächen die Klasseninteressen des nach seiner Befreiung ringenden Proletariats dagegen.

Es hieße jedoch, über das Ziel hinausschießen, wenn man daraus schließen wollte, die Frauenarbeit dürfe nun gar keinen Einschränkungen unterliegen oder mindestens nur solchen, die für die männlichen Arbeiter auch gelten.

Man darf freilich nicht über den Schäden, die die industrielle Frauenarbeit unter den heutigen Verhältnissen einmal im Gefolge hat, ihre Nothwendigkeit und den gewaltigen Fortschritt verkennen, den sie vom Standpunkt der allgemeinen gesellschaftlichen Ent= wicklung in sich schließt; man darf aber ebensowenig umgekehrt über ihrer Nothwendigkeit und historischen Bedeutung ihre Schäden übersehen oder zu gering achten. Diese Schäden sind gewaltige, die die Arbeiterklasse in ihrem innersten Leben bedrohen. Mit der Frauenarbeit ist's wie mit der Maschine: man kann und darf sie nicht verbieten; läßt man sie schrankenlos walten, so ruinirt sie die Arbeiterklasse, vernichtet sie in demselben Maße, in dem sie die Vorbedingungen ihres Sieges schafft und führt so, statt zur Herstellung einer höheren Gesellschaftsordnung, zur bloßen Versaulung der bestehenden.

Man muß sie anerkennen, muß ihre Bedeutung verstehen, muß aber auch gleichzeitig auf's Energischste dahin arbeiten, ihre schädlichen Wirkungen einzudämmen. Und für die arbeitende Frau ist ein stärkerer Schutz nothwendig als für den Mann.

Man wendet ein, daß vom Standpunkt der Gleichberechtigung der Frau besondere Beschränkungen ihrer Arbeit nicht zulässig seien. Darauf ist zu bemerken: Es handelt sich nicht darum, die arbeitende Frau, sondern ihren Ausbeuter zu beschränken; man will ihr nicht die Arbeitsgelegenheit verkümmern, sondern die Arbeitsbedingungen so gestalten, daß sie durch die Arbeit so wenig als möglich geschädigt wird.

Zweitens aber muß man mit der Anschauung der bürgerlichen Demokratie brechen, als würden zwei Menschen einander einfach dadurch gleichgestellt, daß man sie gleich erklärt. Die **politische Gleichberechtigung** der Frau ist sicher die nothwendige Folge ihres Eintretens in die modernen Klassenkämpfe und wird früher oder später anerkannt werden müssen, aber heute ist das noch nicht der Fall. Es ist auch sicher, daß dadurch, daß die Frau aus der Enge der Familie in den Kreis der modernen Berufsarbeit tritt und sich insofern dem Mann gleichstellt, daß daraus auch eine gewisse **gesellschaftliche Gleichstellung der Frau** eintreten wird. Aber ebenso sicher ist es, daß diese Gleichstellung heute noch nicht eingetreten ist und daß die Frauen im Allgemeinen viel bedürfnißloser und wehrloser sind als die Männer, daß sie daher eines Schutzes viel mehr bedürfen als diese; eines Schutzes, der nicht etwa danach strebt, die alte Unterordnung zu verewigen, sondern der vielmehr eines der besten Mittel ist, die Widerstandskraft der Frauen zu heben und sie selbstständiger zu machen. Wir brauchen diesbezüglich nur auf das zu verweisen, was wir über die Wirkungen des Arbeiterschutzes im Allgemeinen gesagt.

Endlich aber sei bemerkt, daß die Forderung völliger Gleichheit der Frau mit dem Mann — so ketzerisch das klingen mag — einfach Unsinn ist. Nicht etwa, daß wir behaupten wollten, die Frau stehe tiefer als der Mann; das ist womöglich eine noch unsinnigere Behauptung und der Streit darüber, wer begabter, die Frau oder der Mann, ein völlig müßiger. Aber **gleich** sind sie nicht, weil sie eben Mann und Weib, also sehr verschieden sind, verschieden in ihren körperlichen Verrichtungen und Anlagen. Und Niemand wird bezweifeln wollen, wenn er auch noch so sehr für die Gleichberechtigung der beiden Geschlechter schwärmt, daß die Frau als Mutter — die schwangere Frau, die säugende Frau — eines größeren Schutzes bedarf, als der erwachsene Mann: Einmal weil sie in diesem Zustand gegen äußere Einflüsse viel empfindlicher ist und zweitens, weil alle Schädlichkeiten, die sie in demselben berühren, nicht blos sie, sondern auch ihr Kind treffen und dessen ganze künftige Konstitution beeinflussen.

Von diesem Standpunkt ist es gerechtfertigt, daß die Arbeiter nicht nur auf die Schutzbestimmungen für Frauen noch größeren Werth legen, als auf die allgemeinen; daß sie danach trachten, daß für Arbeitszweige, in denen Frauen beschäftigt sind, besonders scharfe Bestimmungen zum Schutze der Arbeiter getroffen werden; es ist sogar gerechtfertigt, daß man verlangt, daß Arbeiten, die dem weiblichen Körper unangemessen oder besonders gefährlich sind, Beschäftigungen mit gewissen Giften, das Arbeiten auf hohen Gerüsten u. dgl. für Frauen geradezu verboten werden.

Es ist das eine Ausnahme von der oben aufgestellten Regel, daß der industriellen Frauenarbeit kein Hinderniß entgegenzusetzen sei, steht aber keineswegs im Widerspruch zu ihr, denn es entspringt demselben Bestreben wie sie selbst, dem Bestreben, die Arbeiterklasse möglichst zu heben und zu kräftigen. Was kann von diesem Standpunkt aus wichtiger sein, als die Sorge für die kommende Generation, die im Guten wie im Bösen die Früchte dessen ernten wird, was die jetzige Generation sät; die bestimmt ist, das gelobte Land in Besitz zu nehmen, das wir nur im Geiste schauen, zu dem wir nur den Zugang ebnen können! Nicht bei uns, in der kommenden Generation liegt die letzte Entscheidung, und der Rücksicht auf sie ist alles Andere unterzuordnen.

IV.
Die Bewegung für den Achtstundentag in England.

Alle die Einwände gegen die Arbeiterschutzgesetzgebung, die wir im Vorhergehenden berührt, und die heute noch in Deutschland und anderen neueren Industrieländern von bürgerlichen Oekonomen und deren Nachbetern erhoben werden, sind vor einem halben Jahrhundert in England erhoben worden. Heute bilden sie dort einen längst überwundenen Standpunkt. Die Fabrikanten haben sich mit der Arbeiterschutzgesetzgebung nicht blos ausgesöhnt, sie erklären sie sogar selbst für eine der Ursachen der Ueberlegenheit der englischen Arbeiter über die des europäischen Kontinents.

Schon im Jahre 1863 schrieb der Fabrikant Potter in der „Times" (24. März): „Die Gesetzgebung schritt ein und regelte das Gewerbe (von vielen der Unternehmer unterstützt) und zwang ihm eine gewisse Fürsorge für den Unterricht der jungen Leute und eine Einschränkung der Arbeitszeit für Frauen auf, die sich als außerordentlich wohlthätig für die gesammte Bevölkerung erwiesen hat.

„Diese Gesetzgebung hat die Arbeiter zu einem Muster für das ganze Land gemacht. Bildung und Sittlichkeit haben unter den Baumwollarbeitern*) größere Fortschritte gemacht als unter irgend einer Schichte der anderen Arbeiterbevölkerung. Sie sind intelligenter und erhalten einen viel höheren Lohn .... Beschäftigung und Löhne haben immer mehr zugenommen."

Man sieht, die Vorzüge des Fabrikgesetzes waren selbst für die Fabrikanten in so helles Licht getreten, daß sie dieselben nicht nur anerkannten, sondern bereits die Welt glauben machen wollten, das Gesetz sei wesentlich unter ihrer Mitwirkung zu Stande gekommen, die sie es doch ebenso erbittert bekämpft hatten, wie heute noch ihre Kollegen ähnliche Bestrebungen auf dem Kontinent bekämpfen.

Der Brief Potters zeigt aber noch eines: er weist auf den Unterschied hin zwischen den geschützten und den nicht geschützten Gewerben. Dieser Unterschied hat sich seitdem vielfach noch vertieft.

Unter besonders günstigen Umständen ist es allerdings einer Reihe von Arbeiterschichten gelungen, ohne Hilfe der Gesetzgebung, blos durch die Kraft ihrer Organisationen, sich emporzuschwingen, und nicht blos den 10stündigen, sondern vielfach sogar den 9stündigen Arbeitstag und wesentliche Lohnerhöhungen zu erlangen. Aber um so krasser hat sich das Elend der Proletarier gestaltet, die weder durch gesetzlichen Schutz noch durch kräftige Organisationen und besondere ökonomische und technische Vortheile begünstigt wurden. Ihre Zahl ist in raschem Anwachsen begriffen; über ihre Lebens- und Arbeitsverhältnisse haben neuerliche offizielle Enqueten wie private Untersuchungen die entsetzlichsten Aufschlüsse gebracht und Thatsachen zu Tage gefördert, die an Scheußlichkeit sich mit denen messen können, die im Anfang unseres Jahrhunderts in der Textilindustrie zu finden waren.

---

*) 1863 war erst die Textilindustrie (mit verwandten Gewerben) dem Fabrikgesetz unterstellt.

Es zeigt sich immer deutlicher, daß die Arbeitsgesetzgebung, wie sie bis jetzt besteht, nur einem Bruchtheil der Arbeiter geholfen hat. Je mehr sie sich in den Industrien bewährte, für die sie in Geltung getreten, desto naheliegender ist es, daß man sie auch auf die andern ausdehnen muß, das heißt, daß es nothwendig wird, einen für alle Arbeiter, Männer wie Frauen, giltigen Normalarbeitstag einzuführen.

Gleichzeitig macht sich aber allseitig, auch in den bisher begünstigten Gewerben das Bedürfniß nach einer weiteren Abkürzung der Arbeitszeit geltend. Seit der Einführung des Zehnstundentages vor vierzig Jahren hat sich die Technik gewaltig geändert und sind die Anforderungen an den Arbeiter rasch gewachsen. Wo es unmöglich gemacht worden ist, die Arbeitszeit auszudehnen, da trachtet das Kapital umsomehr danach, die Menge Arbeit, die dem Arbeiter in gegebener Zeit ausgepreßt wird, zu vergrößern. Die Anforderungen an ihn wachsen, die Arbeitsunterbrechungen werden möglichst verringert, der Umfang des Produktionsfeldes, das ein Arbeiter zu überwachen hat, wird erweitert, die Thätigkeit der Maschinerie beschleunigt.

Noch 1851 kamen in der Baumwollindustrie auf einen Arbeiter 63 Spindeln, 1861 67, 1871 77, 1878 82. Und dabei laufen jetzt die Spindeln viel schneller als ehedem. Bei Spindeln, die 1874 noch 4000 Umdrehungen in der Minute machten, gelang es, die Geschwindigkeit mehr als zu verdoppeln, sie auf 10000 Umdrehungen zu bringen.

Neben dieser überhaupt mit dem Maschinenwesen verknüpften Zunahme der Intensität der Arbeit zeigen sich in gewissen Gewerben noch besondere Uebelstände, die dieselbe Arbeitszeit, die früher nicht übertrieben war, jetzt zu einer überlangen gestalten. So z. B. in den Kohlengruben. Sind auch die Kohlenlager Englands noch lange nicht erschöpft, so ist dies doch mit den nahe an der Oberfläche liegenden der Fall. Die Kohlenminen müssen immer tiefer und tiefer gehen, immer schwieriger wird die Ventilation, immer größer die Schwierigkeiten und die Gefahren der Arbeit; immer nothwendiger wird daher eine Verkürzung der Arbeitszeit der Kohlengräber, selbst wenn dieselbe vordem keine übermäßig lange gewesen sein sollte.

Der Zehnstundentag ist für eine Industrie, die die Höhe der englischen erreicht hat, bereits zu lang geworden. Aber die Arbeiter Englands kommen immer mehr zur Einsicht, und wo sie sich ihr zu verschließen suchen, da zwingt sie die Logik der Thatsachen, anzuerkennen, daß die Kraft ihrer Organisationen allein nicht ausreicht, eine weitere erhebliche Verminderung der Arbeitszeit durch=

zusetzen und daß eine solche auf sehr schwankenden Füßen ruht, wenn es auch gelingen sollte, sie in einzelnen Fällen durchzusetzen, so lange sie nicht allgemein und gesetzlich vorgeschrieben ist.

Ausdehnung der Arbeiterschutzgesetzgebung auf die erwachsenen Männer und der achtstündige Normalarbeitstag — das sind die Forderungen eines rasch wachsenden Bruchtheils der englischen Arbeiterklasse, der binnen Kurzem alle ihre politisch und ökonomisch maßgebenden Bestandtheile umfassen wird; das sind Forderungen, die schon so tief unter den Arbeitern Englands Wurzel gefaßt haben, daß selbst liberale bürgerliche Politiker beginnen müssen, sich mit ihnen zu beschäftigen, und daß gerade die staatsmännischsten unter ihnen es nicht mehr wagen, sie ohne weiters von der Hand zu weisen. Sie überlassen das flachen, unwissenden Sektirern vom Schlage Bradlaughs.

Die Herabsetzung der Arbeitszeit auf acht Stunden ist heute in England ohne Schaden für die Industrie ebensogut möglich, wie vor 40 Jahren die Herabsetzung auf 10 Stunden. Proben sind bereits gemacht worden. Brassey erzählt uns, daß beim Bau der Trent-Valley Bahn auf einer Strecke statt einer Arbeiterschicht, die 10 Stunden lang arbeitete, zwei je 8 Stunden lang beschäftigt wurden. Jede dieser Schichten leistete jetzt mehr als früher bei 10stündiger Arbeitszeit.

Kürzlich erst hat ein radikales Parlamentsmitglied, Beaufoy, in seiner Essig-Fabrik in London den achtstündigen Arbeitstag eingeführt, und zwar mit dem besten Erfolg*). In den Kohlengruben ist die achtstündige Arbeitsschicht fast allgemein. Ebenso haben sie die Arbeiter in den Gasanstalten errungen.

Trotzdem begegnen wir heute bei den Kapitalisten demselben

---

*) In einem Interview, den er dem Verfasser gewährte, äußerte sich Herr Beaufoy geradezu enthusiastisch über die Wirkungen der Verkürzung der Arbeitszeit von $9^{3}/_{4}$ Stunden, wie sie ehedem in seiner Fabrik geherrscht, auf 8 Stunden. Die Leute arbeiten williger, eifriger, ohne Zwischenpausen, mit der größten Pünktlichkeit. Ueber die erzielte Produktenmenge konnte Herr Beaufoy keine genauen Zahlen angeben, da er den Achtstundentag erst seit Juli vorigen Jahres eingeführt, aber er versicherte auf das Bestimmteste, daß sie bedeutend gestiegen sei. Daneben habe sich eine Reihe von Produktionskosten — Beleuchtung, Beheizung rc. — erheblich vermindert, so daß sich als Ergebniß des Experiments nicht blos eine Hebung der Lage der Arbeiter, sondern auch ein Steigen des Profits herausstellte. Und das Alles ohne die geringste Vermehrung des in dem Unternehmen angelegten Kapitals. Herr Beaufoy theilte mir auch mit, daß andere Unternehmungen gleiche Erfahrungen gemacht hätten, darunter eine chemische Fabrik und eine Buchdruckerei. Er hält den Achtstundentag in England heute schon für allgemein durchführbar, ohne die geringste Gefährdung der Industrie.

Widerwillen gegen die gesetzliche Feststellung eines achtstündigen Normalarbeitstages, wie seiner Zeit gegen den zehnstündigen. Das Kapital ist kurzsichtig, es lebt von der Hand in den Mund; jede Reform, selbst wenn nothwendig in seinem eigenen dauernden Interesse, muß ihm abgetrotzt werden, sobald sie mit augenblicklichen Unbequemlichkeiten verbunden ist. Und instinktiv fühlen die Kapitalisten, daß jede Verkürzung der Arbeitszeit eine Vermehrung der Kraft der Arbeiterklasse bedeutet: wohl eine Vermehrung ihrer **Produktivkraft**, aber auch eine Vermehrung ihrer **Widerstandskraft**. Daher widersetzten sie sich auch dort, wo sie mit dem Normalarbeitstag die besten Erfahrungen gemacht, der weiteren Ausdehnung seines Geltungsbereichs, der weiteren Einschränkung seiner Dauer.

Dazu kommt aber jetzt noch ein weiteres Bedenken, das in der ersten Hälfte unseres Jahrhunderts bis zur Erkämpfung des Zehnstundentages in England kaum in Betracht kam, das aber seitdem immer mehr in den Vordergrund getreten ist und jetzt überall den gewichtigsten Einwand gegen eine weitergehende Arbeiterschutzgesetzgebung bildet: die **internationale Konkurrenz**.

V.

Der Arbeiterschutz auf dem europäischen Kontinent.

1850 war von einer Großindustrie außer Englands wenig die Rede, auf keinen Fall von einer solchen, die mit England auf dem Weltmarkt ernsthaft konkurriren konnte. England war die Werkstatt der Welt.

Das hat sich seitdem erheblich geändert. In allen modernen Staaten ist eine lebenskräftige Großindustrie erstanden; England beherrscht nicht mehr ausschließlich den Weltmarkt, es hat Mühe genug, sich seine erste Stellung auf ihm zu wahren, die es heute noch einnimmt. Aus guten Kunden sind gefährliche Konkurrenten geworden. Namentlich die Vereinigten Staaten und Deutschland haben einen gewaltigen industriellen Aufschwung in den letzten zwei Jahrzehnten zu verzeichnen.

Mit dem Erstehen der Großindustrie begannen auch ihre Rückwirkungen auf die Lage der Arbeiter sich in den verschiedenen Industriestaaten fühlbar zu machen; die gleichen Ursachen riefen die gleichen Folgen hervor und so finden wir denn auch in allen modernen Industriestaaten Arbeiterschutzgesetze entweder schon durchgeführt oder mindestens angestrebt.

Wie in England zeigt aber auch die Geschichte der Arbeiterschutzgesetzgebung in den anderen Staaten, daß die Erkenntniß der Uebelstände in der Großindustrie, selbst wenn sie noch so entsetzlich sind und noch so sehr das Mitgefühl mit den mißhandelten Arbeitern herausfordern, doch lange nicht genügt, diesen den Schutz der Gesetzgebung zu sichern.

Das beste Fabrikgesetz (außer England) ist in dem Lande zu finden, in dem das Proletariat die größten politischen Rechte hat, in dem seine Stimme am wenigsten überhört werden darf, in der **Schweiz**.

Je kleiner der Geltungsbereich eines Fabrikgesetzes, desto größer die Schwierigkeiten, die es den davon betroffenen Industrien bereitet. Daß diese Schwierigkeiten aber trotzdem, auch unter den ungünstigsten Umständen, ohne Schaden für die Industrie überwunden werden können, hat der kleine Kanton **Glarus** bewiesen, in dem bereits 1848 die Landesgemeinde ein Gesetz erließ, das die Arbeit schulpflichtiger Kinder in Baumwollspinnereien gänzlich verbot, in welcher Beziehung es damals schon weiter ging als selbst England mit seiner übermächtigen Industrie, und die Arbeitszeit aller Arbeiter (nicht blos der Frauen und jugendlichen Personen) auf 13 Stunden bei Tag (bei ununterbrochenem Betrieb) festsetzte. 1864 wurde das Gesetz auf alle Fabriken ausgedehnt und der Normalarbeitstag auf 12, 1872 auf 11 Stunden herabgesetzt.

Andere Kantone folgten mit ähnlichen Einrichtungen; 1859 schon begannen Versuche einer interkantonalen Vereinbarung zur Herstellung einer für das ganze Bundesgebiet giltigen Arbeiterschutzgesetzgebung; aber es kam zu keiner Einigung. Erst nach Einführung der neuen Bundesverfassung von 1874 gelang es, ein eidgenössisches Fabrikgesetz zu schaffen, das am 21. Oktober 1877 durch Volksabstimmung angenommen und wodurch für die Fabriken der elfstündige Normalarbeitstag für alle Arbeiter und das Verbot der Kinderarbeit vor dem 14. Jahr festgestellt wurde.

Nicht so erfolgreich wie in der demokratischen Republik waren die Arbeiter in **Frankreich**, wo Revolution und Reaktion so rasch wechseln. Was sie in der Revolution errangen, nahm ihnen die Reaktion.

Nach der Februarrevolution 1848 machte die neue Regierung den Arbeitern durch das Dekret vom 2. März die Konzession, für Paris den 10 stündigen, für die Provinz den 11 stündigen Arbeitstag zu bestimmen. Kaum waren die Arbeiter im Juniaufstand niedergeschlagen worden, da beeilten sich Regierung und

Kammer, das Recht auf freie Ausbeutung wieder herzustellen. Indessen fürchtete man selbst das besiegte Proletariat noch zu sehr, um ihm die geringe Konzession, die man ihm gemacht, offen völlig zu nehmen. Durch das Dekret vom 9. September 1848 wurde für Fabriken ein 12 stündiger Arbeitstag festgesetzt. Man hütete sich aber, Inspektoren zu ernennen, die die Ausführung des Gesetzes überwachen sollten. Niemand kümmerte sich darum.

Der Staatsstreich des dritten Napoleon machte einstweilen allen Bestrebungen nach Erweiterung der Arbeiterschutzgesetzgebung ein Ende. Die Arbeiter selbst, zum Theil vom Proudhon'schen Anarchismus gefesselt, angeekelt von der Politik, machten durch längere Zeit keine dahingehenden Anstrengungen mehr. Am Vorabende seines Sturzes begann das Kaiserthum aus demagogischen Rücksichten, um die Gegnerschaft der Arbeiter zu brechen, eine Art Socialreform zu — verheißen. Aber es war zu sehr von der Bourgeoisie abhängig, als daß diese, nicht von der Arbeiterklasse getragene Socialreform auch nur einigermaßen eine wirkliche Reform hätte sein können. 1870 gelangte an den Staatsrath ein Gesetzentwurf, der die Arbeit der Kinder vor dem achten Jahr(!) verbieten, Inspektoren einsetzen wollte 2c. Diese kläglichen Bestimmungen zeigten nur eines deutlich: wie grauenhaft mußten tie Zustände sein, wenn die Arbeit von Kindern unter acht Jahren besonders verboten werden mußte.

Der Krieg unterbrach diese Socialreform. Die Proklamirung der demokratischen Republik schloß wohl die Nothwendigkeit weiterer Konzessionen an die Arbeiterklasse in sich; aber die Niederlage des Proletariats im Fall der Kommune von Paris gab den Kapitalisten den Muth, diese Konzessionen möglichst dürftig zu gestalten. Das Gesetz vom 19. Mai 1874 verbietet die Arbeit von Kindern unter 12 Jahren — jedoch mit zahlreichen Ausnahmen und setzt die Arbeitsdauer der Kinder von 12—16 Jahren auf höchstens 12 (!) Stunden fest. Außerdem verbietet es noch die Nachtarbeit für Kinder und für Mädchen bis zum 21. Jahr.

Endlich wurde eine Gewerbeinspektion eingeführt.

So völlig unzureichend diese Bestimmungen waren, sie fanden noch Widerstand bei den Unternehmern. Dieser hörte erst auf, als das Proletariat Frankreichs anfing, sich von seiner Niederlage zu erholen, als es wieder zu einer politischen Macht wurde. Die Erweiterung des Arbeiterschutzes wurde jetzt eine seiner Hauptforderungen. Unter dem zunehmenden Einfluß der socialistischen Agitation wurde im vorigen Jahr von der letzten Deputirtenkammer ein Gesetzentwurf (jedoch nur in zweiter Lesung) angenommen, der die Arbeit von Kindern unter 12 Jahren ausnahmslos verbietet, und für Personen unter 18 Jahren eine Maximalarbeitszeit von 10 Stunden, für Frauen eine solche von 11 Stunden festsetzt. Der Senat verstümmelte jedoch den Gesetzentwurf, und die Kammer beschloß ihr Dasein, ehe sie ihm Geltungskraft verleihen konnte. Indeß wird die neue Kammer auf jeden Fall das Werk der alten fortsetzen müssen. Die socialistische Fraktion in ihr wird dafür sorgen, daß die Frage des Arbeiterschutzes nicht zur Ruhe gelangt.

In Oesterreich hat ein Zusammentreffen günstiger Umstände zu einem verhältnißmäßig ziemlich weitgehenden Arbeiterschutz geführt. Bis 1885 war von einem solchen kaum die Rede. Nur die Kinderarbeit unterlag einigen Beschränkungen. Kein Wunder, daß einzelne Forscher wie Braf und Singer, die sich die Untersuchung der industriellen Verhältnisse zur Aufgabe gestellt, auf die schauderhaftesten Thatsachen stießen. Indeß mehr als diese Enthüllungen wirkte die Erwägung, daß die unbeschränkte kapitalistische Ausbeutung die Wehrkraft der Monarchie auf's ernstlichste bedrohte. Von je zehntausend Wehrpflichtigen waren 1871 noch 3070, 1885 nur noch 1270, von je zehntausend wehrpflichtigen Fabrikarbeitern 1881—83 in Böhmen gar nur 416, ja in der Stadt Reichenberg nur 213 diensttauglich!

Zu diesen Erwägungen gesellte sich der Druck der Arbeiterbewegung, vor Allem die Wirkung, die die rasche Zunahme der socialdemokratischen Stimmen bei den deutschen Reichstagswahlen übte. Seit dem Berliner Kongreß ist die österreichische Politik in jeder Beziehung blos eine Nachahmung der deutschen, und wie jenseits so auch diesseits von Bodenbach kam seit 1878 die Socialreform in die Mode. Aber Oesterreich ist ökonomisch rückständiger als Deutschland; der grundbesitzende Adel ist da vielfach noch nicht so innig mit der kapitalistischen Großindustrie verquickt; andererseits sind Bauernschaft und Kleinbürgerthum politisch ziemlich bedeutend, beide aber hassen die Großindustrie. Der mächtige Schutz, den diese in Deutschland gefunden, wurde ihr in Oesterreich nicht zu Theil, und so ist es gekommen, daß die habsburgische Monarchie in Bezug auf Arbeiterschutz weiter ging, als das deutsche Reich.

Durch das Gesetz vom 8. März 1885 wurde für Fabriken die Arbeit von Kindern unter 14 Jahren verboten und ein Normalarbeitstag von 11 Stunden für alle Arbeiter festgesetzt. Wären nicht die vielen Ausnahmen, der österreichische Arbeiterschutz könnte sich mit dem der Schweiz messen.

Wie weit ist dagegen Deutschland davon entfernt! Seine jetzige Arbeiterschutzgesetzgebung ist noch ganz vorsintfluthlich; sie beruht auf den preußischen Regulativen vom 9. März 1839 und

16. Mai 1853, die bei der Errichtung des Norddeutschen Bundes auf diesen und, nachdem das Reich erstanden, auch auf die einzelnen süddeutschen Staaten übertragen wurden. Die Novelle von 1878 brachte außer der Verbesserung des Fabrikinspektorats, keine wesentlichen Aenderungen. Die arbeitenden Frauen sind blos insofern geschützt, daß der Bundesrath das Recht hat, in bestimmten Fabrikationszweigen die Arbeit von Frauen zu beschränken oder ganz zu verbieten. Allgemein geschützt sind nur jugendliche Arbeiter. Kinder unter 12 Jahren dürfen gar nicht, von 12—14 Jahren nur 6, von 14—16 Jahren nur 10 Stunden täglich beschäftigt werden. Das ist so ziemlich Alles.

Daß eine solche Arbeiterschutzgesetzgebung völlig unzureichend ist, hat man längst nachgewiesen und wird auch allgemein anerkannt. Freilich, die offiziellen Enqueten, die von Zeit zu Zeit veranstaltet wurden, haben nur wenig Licht auf die Gebiete geworfen, die sie erforschen sollten. Sie wurden aber auch nach allzu sonderbaren Prinzipien vorgenommen. So wurden z. B. bei der Enquete über die Frauen- und Kinderarbeit in den Fabriken, die 1874 und 1875 vorgenommen wurde, fast nur Unternehmer und deren Verbündete gehört, die Aussagen nicht wörtlich wiedergegeben, sondern „zusammengestellt", so daß jede Möglichkeit einer Kontrole fehlte. Wie nothwendig eine solche wäre, beweist aber schon der eine Umstand, daß da unter Anderem behauptet wurde, die Einschränkung der Frauenarbeit in der Spinnerei und anderen Industriezweigen würde die Industrie ruiniren und die Konkurrenz mit dem Ausland unmöglich machen, wo, wie in der Schweiz und England (!) „die Frauenarbeit in diesen Industriezweigen unbeschränkt sei". Ein starkes Pröbchen deutscher Gründlichkeit und amtlicher Genauigkeit.

Private Untersuchungen haben das Gegentheil der optimistischen Resultate der amtlichen Enqueten ergeben. Sie beschränkten sich leider meist auf die Hausindustrie; aber auch die Großindustrie wurde gezeichnet, namentlich von A. Thun die am Niederrhein, von Herkner bei im Oberelsaß. Deren Enthüllungen einerseits, der immer stärker anwachsende Druck der Arbeiterbewegung andererseits haben schließlich die Erweiterung des deutschen Arbeiterschutzes so bringlich gemacht, daß ihre Nothwendigkeit allgemein anerkannt wird. Als die socialdemokratische Fraktion im Reichstag 1884 und wieder 1885 einen Gesetzesentwurf einbrachte, der unter Anderem die Kinderarbeit vor dem 14. Jahr gänzlich verbieten und einen zehnstündigen Normalarbeitstag für die erwachsenen Arbeiter einführen wollte, sah sich der Reichstag zu dem Bekenntniß gezwungen, daß die gegenwärtigen Bestimmungen zum

Schutze der Arbeiter einer Erweiterung entschieden bedürften. Wurde auch der socialdemokratische Gesetzentwurf abgelehnt, so trug die Bewegung, der er seinen Ursprung verdankte, doch ihre Früchte. Selbst der Kartellreichstag konnte sich ihrem Einfluß nicht entziehen; in seiner ersten Session nahm er einen Gesetzentwurf an, der unter Anderem die Altersgrenze für die Kinderarbeit auf das 13. Lebensjahr verlegte und für verheirathete Frauen eine zehnstündige Arbeitszeit festsetzte. Der Bundesrath lehnte dieses Gesetz freilich am 19. November 1888 ab; es unterliegt jedoch keinem Zweifel, daß die Reform der deutschen Arbeiterschutzgesetzgebung damit blos aufgeschoben, nicht aufgehoben ist.

Und wie in Deutschland, Frankreich, England, der Schweiz, herrscht auch in allen andern europäischen Ländern sowie in den Vereinigten Staaten Amerikas eine lebhafte Bewegung nach Einschränkungen der kapitalistischen Ausbeutung, die zum Theil schon einige Früchte getragen hat, zum Theil nächstens ihre Früchte tragen wird.

In Holland kam namentlich in Folge der Agitationen der Socialdemokratie, die sich auch in der Wahlbewegung von 1888 bemerkbar machte, am 5. Mai 1889 ein Gesetz zu Stande, das die Arbeit von Kindern in der Industrie vor dem 12. Jahr verbietet, für junge Personen bis zum 16. Jahr und Frauen eine 11 stündige Arbeitszeit festsetzt.

In Belgien haben die wachsende socialistische Bewegung und die Arbeiterunruhen zunächst zu einem Verbot der Arbeit von Knaben unter 12 und Mädchen unter 14 Jahren in Bergwerken geführt. Eine Kommission zur Untersuchung der Arbeiterverhältnisse wurde eingesetzt und deren Mißstände dadurch gründlich bloßgelegt und die Nothwendigkeit des Eingreifens der Gesetzgebung zu Gunsten der Arbeiter auf's Ueberzeugendste dargethan. Ein Gesetzentwurf, der das Verbot der Kinderarbeit unter 12 Jahren und die Festsetzung einer Maximalarbeitszeit von 12 Stunden für junge Männer unter 16 und Arbeiterinnen unter 21 Jahren enthält, liegt dem Senat vor.

In Italien wurde durch das Gesetz vom 11. Februar 1886 die Kinderarbeit in der Weise „geregelt", daß es verboten wurde, Kinder vor dem 9. (!) Jahre in Fabriken und Bergwerken zu verwenden. Die Niedertracht der italienischen Bourgeoisie zeigt sich in nichts deutlicher als in diesem erbärmlichen Gesetz, das ihr noch zu weit ging und mühsam abgerungen werden mußte. Welche Zustände müssen vor Erlaß dieses Gesetzes geherrscht haben!

Mit den beiden konstitutionellen Musterländern Belgien und Italien wetteifert das absolutistische Rußland in der brutalsten und maßlosesten Ausbeutung, die vielleicht nirgends so grauenhafte

Zustände zeitigte wie im Zarenreich, wo die Arbeiter nicht bloß politisch völlig rechtlos sind, jeder Versuch einer Koalirung bereits als Hochverrath gilt, keine Presse zu ihrem Schutze sich erheben darf, sondern wo überdies der unbedingte Gehorsam in den arbeitenden Klassen noch als ein aus der Feudalzeit überkommener Instinkt sich erhalten hat. Die entsetzlichen Zustände, die in den ersten Jahrzehnten unseres Jahrhunderts in England in solchen Industrien herrschten, in denen Frauen und Kinder der großindustriellen Ausbeutung unterlagen, haben in der zweiten Hälfte unseres Jahrhunderts mit einem Male in allen Zweigen der russischen Großindustrie ihre Auferstehung gefeiert und sich mit ihr verbreitet. Aber das pilzähnliche Aufschießen der kapitalistischen Großindustrie, das aus den ehemaligen Leibeigenen in Masse moderne Proletarier schuf, verwandelte auch rapide das Zarenreich in einen modernen Staat mit modernen Bedürfnissen, modernen Ideen, modernen Bestrebungen. Nicht blos auf dem politischen Gebiete äußerten sie sich, wie bekannt, sondern auch auf dem ökonomischen. Selbst das Selbstherrscherthum konnte ihnen nicht völlig widerstehen. Eine Frucht dieses Reformbedürfnisses und dieser Reformbestrebungen ist das Gesetz vom 1. Juni 1882, das die Beschäftigung von Kindern unter 12 Jahren in Fabriken verbietet, und die Arbeitszeit jugendlicher Arbeiter von 12—15 Jahren auf 8 Stunden täglich festsetzt, sowie das Gesetz vom 3. Juni 1885, worin die Nachtarbeit für jugendliche Arbeiter und Frauen versuchsweise in Textilfabriken verboten wurde.

Damit aber die männlichen, erwachsenen Arbeiter durch diese gnädige Fürsorge des Väterchens an der Newa nicht allzu übermüthig und versucht würden, für sich auf eigene Faust durch Streiks Konzessionen zu erringen, folgte diesen Reformen ein Jahr später eine weitere durch das Gesetz vom 3. Juni 1886, das Streiks verbietet, die Anstifter von Streiks mit Gefängniß von 4—8 Monaten, die Theilnehmer mit Gefängniß von 2—4 Monaten bedroht; doch wird diesen Verzeihung zugesichert, wenn sie auf die erste Aufforderung der Polizei hin die Arbeit wieder aufnehmen. Wird aber durch den Streik der Fabrikant in seinem Vermögen geschädigt, dann blühen den Anstiftern (schon für den bloßen Streik, etwaige weitere Verbrechen werden besonders geahndet) 8 Monate bis 1 Jahr 4 Monate, den Theilnehmern 4—8 Monate Gefängniß.

Eine derartige „Socialreform" fände sicher den vollsten Beifall auch der deutschen Kohlenbarone. Wie schade, daß Westfalen nicht in Rußland liegt!

So gering die in den genannten und noch anderen Staaten

errungenen Arbeiterschutzgesetze sind, ihre Bedeutung ist doch nicht zu unterschätzen. Sie zeigen, daß die Verpflichtung des Staates, die Arbeiter vor der schrankenlosen Ausbeutung zu schützen, endlich überall zur Anerkennung gekommen ist, wo eine kapitalistische Großindustrie besteht, selbst in solchen Ländern, die bis vor Kurzem sich noch auf das Hartnäckigste dagegen sträubten. Sie sind von Bedeutung, nicht weil sie selbst große Errungenschaften darstellen, sondern weil sie die Bahn eröffnen zu großen Errungenschaften. Denn die Bewegung, die überall die Gesetzgeber in die Bahn der Arbeiterschutzgesetzgebung gedrängt hat, die socialistische Arbeiterbewegung, besteht fort und gewinnt von Tag zu Tag an neuer Kraft. Ist sie stark genug gewesen, der Gesetzgebung neue Bahnen vorzuschreiben, so wird sie noch stärker sein, die Gesetzgebung auf diesen Bahnen vorwärts zu drängen.

Durch alle Länder, alle Nationen geht eine Bewegung nach Erweiterung des Arbeiterschutzes. Die Bewegung nach einer nationalen, im Rahmen eines einzelnen Landes durchzuführenden, Arbeiterschutzgesetzgebung ist heute bereits international geworden, damit hat sie aber auch die Stufe erreicht, um jenes Hinderniß beseitigen zu können, das in demselben Maße immer mehr wächst, in dem diese Bewegung an Kraft gewinnt: die internationale Konkurrenz.

1850 versorgte fast England allein die Welt mit Waaren; heute sind seine ehemals besten Kunden theils schon gefährliche Konkurrenten geworden, wie Europa und Nordamerika, theils auf dem besten Wege, es zu werden, wie Australien, Indien, China, Japan. Die Menge der Produzenten und Produkte wächst rapid, indeß die Menge der Käufer nur langsam zunimmt. Daher die wüthendste Konkurrenzjagd auf dem Weltmarkt, ein endloses sich Unterbieten. Das geringste Hinderniß der Industrie erscheint bei diesem Wettrennen nach Profit als unerträgliches Bleigewicht, das die Niederlage des Belasteten nach sich ziehen kann. Immer dringender wird die Nothwendigkeit einer Erweiterung des Arbeiterschutzes, aber immer größer wird auch der Wettbewerb auf dem Weltmarkt. Das trägt nicht dazu bei, das Widerstreben der Bourgeoisie gegenüber den Forderungen der Arbeiter zu mindern, die sie stets mit scheelen Augen angesehen hat. Selbst wenn die Erfüllung dieser Forderungen die Industrie auf die Dauer nicht belastete, selbst wenn keine Einschränkung der Produktion damit verbunden wäre, seien, sagen die Fabrikanten, unter den heutigen Konkurrenzverhältnissen schon die Störungen, die jede Neuerung mit sich bringt, genügend, den Ruin einer Industrie herbeizuführen. Die internationale Konkurrenz wird theils wirklicher Grund, jeder

Erweiterung des Arbeiterschutzes entgegenzutreten, theils ein Vorwand mehr zu den vielen andern, mit denen die Bourgeoisie gern ihre Abneigung gegen alles beschönigt, was geeignet ist, die Arbeiterklasse zu heben.

Aber die Zeit ist gekommen, der Bourgeoisie den Vorwand wie den Grund gegen jede Erweiterung der Arbeiterschutzgesetzgebung zu nehmen.

Dadurch, daß in allen modernen Staaten eine kapitalistische Großindustrie erwachsen ist, sind sie nicht blos alle zu Konkurrenten auf dem Weltmarkt geworden, sie haben auch alle, wie schon gesagt, an benselben socialen Mißständen zu leiden; in ihnen allen ist eine Arbeiterbewegung groß geworden mit gleichen Zielen und gleichen Mitteln, die überall die gleichen socialen Reformen verlangt.

Der Anfang zur Gewährung derselben ist in jedem modernen Industriestaat bereits gemacht, jeder weiß, daß er nächstens einen Schritt weiter wird thun müssen. Muß er ihn, gedrängt von seiner Arbeiterklasse, allein thun, dann drohen seiner Industrie, wenn er weitgehend genug sein soll, um eine einschneidende Reform zu sein, momentane Unbequemlichkeiten, vielleicht sogar Nachtheile, welche ihre Konkurrenzfähigkeit auf dem Weltmarkt vorübergehend schädigen können. Entschließen sich alle, den gleichen Schritt, den sie doch alle früher oder später werden thun müssen, gleichzeitig zu thun, dann kann von einer Schädigung der Konkurrenzfähigkeit für keinen von ihnen die Rede sein.

Die internationale Konkurrenz und die internationale Arbeiterbewegung, diese Zwillingsschwestern, führen nothwendig zur internationalen Arbeiterschutzgesetzgebung.

VI.
Die internationale Arbeiterschutzgesetzgebung und der Achtstundentag.

Die Idee einer internationalen Arbeiterschutzgesetzgebung ist nicht neu. Gleich der der nationalen, im Rahmen eines einzelnen Staates geltenden, Arbeiterschutzgesetzgebung ist auch sie zuerst von Männern aus den Reihen der Bourgeoisie gefaßt worden, theils wohlwollenden Menschenfreunden, theils Fabrikanten, die es gern gesehen hätten, wenn die Konzessionen, die sie selbst ihren Arbeitern hatten gewähren müssen, auch ihren Konkurrenten abgezwungen worden wären. Die Glarner Fabrikanten, die, wie wir gesehen, unter höchst ungünstigen Konkurrenzverhältnissen, in Folge der völlig demokratischen Zustände ihres Ländchens, sich schon 1848 einen kantonalen Normalarbeitstag von 13 Stunden hatten gefallen lassen müssen, sprachen zuerst, 1855, den Wunsch nach internationalen Vereinbarungen zwischen den Staaten Europas zur Herstellung gemeinsamer Grundsätze der Fabrikgesetzgebung aus. Seitdem haben, zuerst schüchtern, dann immer bestimmter, einzelne Gelehrte und Gelehrtenkongresse ebenso wie gewisse Fabrikantenkreise diesem Wunsch Ausdruck gegeben. Endlich, seit einem Jahrzehnt, hat die Sache auch angefangen, die Diplomaten zu beschäftigen, indem Ende 1880 der Nationalrath der Schweiz auf den Antrag des Obersten Frey hin den Bundesrath einlud, mit den hauptsächlichsten Industriestaaten Unterhandlungen anzuknüpfen zum Zweck der Anbahnung einer internationalen Fabriksgesetzgebung. Die Anfragen, die daraufhin der Bundesrath bei den verschiedenen Regierungen in Betreff ihrer Neigung stellte, sich auf eine internationale Regelung der Fabrikverhältnisse einzulassen, wurden fast allenthalben ablehnend beantwortet.

In allen den Aeußerungen der Gelehrten und Fabrikanten und der gesetzgebenden Körper zn Gunsten einer internationalen Fabriksgesetzgebung herrschte kein rechter Ernst. Dieselbe war in den genannten Kreisen nicht das Ziel einer tiefgehenden Bewegung, sondern eine bloße humanitäre Spielerei; sie diente vielfach sogar nur als Phrase, die man den Arbeitern hinwarf, um deren anderweitigen, näherliegenden Bestrebungen nach Verbesserung ihrer Lage ihre Kraft zu nehmen. Bei Streiks behufs Verkürzung der Arbeitszeit verweisen die Fabrikanten mitunter auf den Normalarbeitstag: sie würden gern den Arbeitern ihre Forderungen gewähren, aber es sei ungerecht, diese Forderungen nur an sie, nicht auch an alle ihre Konkurrenten zu stellen. Sie empfehlen den Arbeitern die Agitation für den Normalarbeitstag — nicht, um dessen Verwirklichung zu fördern, sondern um sie von dem Streben nach Verwirklichung ihrer augenblicklichen Forderung abzulenken. So verwies wieder mancher Fabrikant, dem das Drängen nach einem Normalarbeitstag in seinem Lande unbequem wurde, die Arbeiter auf die Nothwendigkeit einer internationalen Vereinbarung desselben.

Diese Politik verfolgte z. B. der Kongreß deutscher Eisengießereibesitzer im Herbst 1887, der sich dahin aussprach, daß eine Abkürzung der Arbeitszeit anders als auf internationalem Wege nicht ohne Schädigung der Industrie möglich sei.

Wenn die Herren Fabrikanten glaubten, durch diese Politik dem Kampf um eine Arbeiterschutzgesetzgebung in jedem einzelnen Lande die Spitze abzubrechen, dann haben sie sich gewaltig geirrt. Sie vergaßen, daß die Arbeiterklasse es sehr wohl versteht, na-

mentlich dort, wo sie, wie in Deutschland, genügende ökonomische
Einsicht gewonnen hat, den Kampf um ihre fernsten Ziele mit
dem um ihre nächsten zu verbinden. Der Arbeiterklasse ein fernes
Ziel stecken, heißt keineswegs, ihr Ringen nach dem nächsten Ziel
beeinträchtigen, es heißt blos, den Kampf so gestalten, daß jeder
Schritt zum näheren auch ein Schritt zum ferneren Ziel wird.
Noch nirgends hat sich die Arbeiterklasse durch das Streben nach
dem gesetzlichen Normalarbeitstag daran hindern lassen, auf rein
ökonomischem Weg, namentlich durch Benützung der Koalitions=
freiheit, Vortheile zu erlangen. So hat auch die Idee einer
internationalen Arbeiterschutzgesetzgebung in keinem Lande den
Bestrebungen nach einem nationalen Arbeiterschutz auch nur im
Geringsten etwas von Energie geraubt. Im Gegentheil, Beide
bedingen einander auf das Wesentlichste. Je weiter die Arbeiter=
schutzgesetzgebung in den einzelnen Ländern gediehen ist, desto
leichter werden internationale Vereinbarungen darüber. Und je
weiter diese Vereinbarungen gehen, desto leichter wird es der
Arbeiterklasse möglich, in den einzelnen Staaten noch weitere
Konzessionen zu erringen

Die Idee einer internationalen Arbeiterschutzgesetzgebung hat
die Kraft der Arbeiterbewegung im Kampf für ihre näherliegenden
Bestrebungen in keiner Weise geschwächt. Die Befürchtungen der
Einen wie die Hoffnungen der Andern in dieser Beziehung haben
sich als völlig unbegründet erwiesen. Wohl aber hat diese Idee
erst Kraft gewonnen, seitdem die Arbeiterbewegung sie acceptirt
hat. Wie das Streben nach nationaler ist auch das nach inter=
nationaler Arbeiterschutzgesetzgebung kraftlos geblieben, so lange
es eine rein bürgerliche Bewegung war. Erst die Arbeiterklasse
hat es zur Bedeutung gebracht.

Die Idee drang zuerst 1880 in der Schweiz in die Arbeiter=
kreise; von da verbreitete sie sich rasch unter den Arbeitern Deutsch=
lands und Oesterreichs, später auch Frankreichs und Belgiens, um
endlich auch in der Arbeiterklasse Englands Eingang zu finden.

Im Anfang 1885 brachten die socialdemokratischen Abgeord=
neten im deutschen Reichstag, Ende 1885 die in der französischen
Deputirtenkammer, Anträge zu Gunsten einer internationalen
Arbeiterschutzgesetzgebung ein. 1886 sprachen sich dafür aus der
belgische Socialistenkongreß zu Gent, die schweizerischen Grütli=
vereine auf ihrem Kongreß zu Grenchen sowie die internationale
Gewerkschaftskonferenz zu Paris. Im Oktober 1887 beschloß der
Parteitag der deutschen Socialdemokratie die Einberufung eines
internationalen Arbeiterkongresses für 1889, der denn auch in
diesem Jahr vom 14.—21. Juli stattfand. Die Arbeiter aller

modernen Industriestaaten waren vertreten; die Proletarier Deutschlands allein hatten 81 Deputirte entsendet. So groß auch die Schwierigkeiten der Organisirung und dann der Verhandlungen des Kongresses sich gestalteten, sie wurden überwunden und eine für alle Staaten gemeinsame und übereinstimmende Grundlage der Bewegung nach Erweiterung des bestehenden oder geplanten Arbeiterschutzes geschaffen, durch Festsetzung folgender Forderungen, deren Durchsetzung das Ziel der Arbeiterklasse eines jeden Industriestaates sein muß:

1. Ein Normalarbeitstag von acht Stunden.
2. Verbot der Arbeit der Kinder vor dem 14. Jahr.
3. Beschränkung der Arbeitszeit der jungen Personen vom 14. bis zum 18. Jahr auf 6 Stunden täglich.
4. Verbot der Nachtarbeit, mit Ausnahmen für solche Industriezweige, deren Natur ununterbrochenen Betrieb erheischt.
5. Verbot der Frauenarbeit in Industriezweigen, die für den weiblichen Organismus besonders ungeeignet sind.
6. Gewährung einer ununterbrochenen Ruhezeit von mindestens 36 Stunden in jeder Woche.
7. Verbot gesundheitsschädlicher Industrien.

Durch den Pariser Kongreß wurde den in allen Industriestaaten bereits bestehenden Bewegungen zu Gunsten vermehrten Arbeiterschutzes ein größerer Zusammenhang gegeben. Eine internationale Arbeiterbewegung zu Gunsten der Arbeiterschutzgesetzgebung wurde eingeleitet und damit die sicherste Grundlage einer internationalen Arbeiterschutzgesetzgebung geschaffen. Was den Gelehrten, Kapitalisten und Diplomaten bis dahin nicht gelungen, das gelang den Arbeitern: Die internationale Verständigung in der Frage der Arbeiterschutzgesetzgebung.

Um zu beweisen, daß diese Verständigung eine dauernde sei; um den Proletariern aller Länder das Bewußtsein ihrer internationalen Solidarität immer tiefer einzuprägen; um endlich den Regierungen und Bevölkerungen der verschiedenen Staaten zu zeigen, daß die Vereinbarungen des Pariser Congresses den Beifall der Massen der Proletarier überall gefunden haben, wo es eine Arbeiterbewegung gibt; daß diese Vereinbarungen thatsächlich ihre nächsten Ziele bilden, an denen festzuhalten sie entschlossen sind: um das zu beweisen, wurde beschlossen, daß die Arbeiter der ganzen Welt einen bestimmten Tag als Arbeiterfeiertag begehen und dazu benützen sollen, ihrer Zustimmung zu den Resolutionen des Pariser Kongresses Ausdruck zu geben — jede Arbeiterschaft entsprechend den Gesetzen ihres Landes.

Als dieser Tag wurde der kommende erste Mai festgesetzt, den bereits vorher der amerikanische Gewerkschaftsbund (die „Föderation der Arbeit") zu diesem Zwecke bestimmt hatte. Wie in Amerika, so hat in England, in Frankreich, Belgien, Deutschland, Oesterreich u. s. w., in allen Landen, in denen es denkende, nach Verbesserung ihrer Klassenlage ringende Arbeiter gibt, der Gedanke des Arbeiterfeiertages die begeistertste Zustimmung gefunden, und es unterliegt keinem Zweifel mehr, daß der kommende erste Mai die mächtigste internationale Demonstration sehen wird, die bisher zu Stande gekommen, eine Demonstration, die in ihrer Einmüthigkeit und ihrem Umfang nicht verfehlen wird, eine gewaltige moralische Wirkung auszuüben, anfeuernd für die Freunde der Arbeiterschutzgesetzgebung, entmuthigend für ihre Gegner.

Der Umstand, daß, seitdem dieser Beschluß gefaßt worden, auf Veranlassung Kaiser Wilhelm II. eine diplomatische Konferenz zusammengetreten ist, um die Möglichkeit und Nothwendigkeit internationaler Vereinbarungen in Bezug auf einige Punkte des Arbeiterschutzes zu diskutiren, dieser Umstand macht die geplante Demonstration vom 1. Mai in keiner Weise überflüssig. Im Gegentheil. Die Konferenz, die im Augenblick, wo wir dies schreiben, in Berlin tagt, beweist nur, daß die Gegnerschaft gegen die internationale Arbeiterschutzgesetzgebung in den heute maßgebenden Kreisen nicht so unüberwindlich ist, als man gewöhnlich annimmt.

Daß, wie der nationale, so der internationale Arbeiterschutz zahlreiche Gegner hat, wird Niemanden wundern. Gerade die der Arbeiterklasse günstigen Wirkungen, die er mit sich bringen muß, machen ihm viele Mitglieder der Bourgeoisie zu Feinden, die jede Stärkung der Arbeiterschaft mit Furcht und Mißgunst ansehen.

Auf die Einwände dieser Leute gegen die internationale Arbeiterschutzgesetzgebung brauchen wir uns kaum einzulassen; sie decken sich fast alle mit denen, die seit halb einem Jahrhundert gegen jeden Versuch eines nationalen Arbeiterschutzes vorgebracht wurden und, allen gegentheiligen Erfahrungen zum Trotz, immer noch vorgebracht werden. Wir können diesbezüglich auf das oben Gesagte verweisen.

Neu ist blos der Einwand, daß die Souverainetät der verschiedenen Staaten ein Hinderniß für einen internationalen Arbeiterschutz bildet, der für einen nationalen nicht besteht.

Das ist formell richtig. Es gibt keinen internationalen gesetzgebenden Körper, der etwa Gesetze für die Vereinigten Staaten von Europa beschließen und dieselben für einen jeden einzelnen Staat rechtsverbindlich machen könnte. Nicht einmal in den Vereinigten Staaten von Amerika hat der Kongreß das Recht, ein für die ganze Union giltiges Arbeiterschutzgesetz zu erlassen. Um zu internationalen Normen zu gelangen, ist man in Bezug auf Arbeiterschutz wie in Bezug auf jedes andere Gebiet — Post- und Telegraphenwesen, Autorrecht, Markenschutz, Kriegswesen u. s. w. — nur auf internationale Vereinbarungen angewiesen, wobei es jedem einzelnen Staat freibleiben muß, ob er sie ratifiziren, ob er sich ihnen anschließen will oder nicht.

Ebenso ist es richtig, daß man keine internationale Behörde einsetzen kann, die, über den einzelnen Staaten stehend, die Durchführung des internationalen Arbeiterschutzes in jedem derselben ebenso erzwänge, wie der Fabrikinspektor eines Staates sie in jedem einzelnen Unternehmen desselben erzwingen kann.

Das sind sicherlich ernste Bedenken. Aber sie beweisen nicht, daß eine internationale Arbeiterschutzgesetzgebung unmöglich ist. Sie beweisen blos, daß ihre Einführung und Durchführung noch viel mehr als die des nationalen Arbeiterschutzes der Unterstützung der Arbeiterklasse bedürfen.

Die internationale Konferenz zur Berathung des Arbeiterschutzes, die auf Wunsch des deutschen Kaisers zusammengetreten ist, zeigt, daß die prinzipielle Abneigung der Diplomatie überwunden ist, dies Gebiet überhaupt zu einem Gegenstand internationaler Vereinbarungen zu machen. Aber bereits das Programm dieser Konferenz beweist, daß eine Reihe von Regierungen und ihre diplomatischen Vertretungen davon nichts wissen wollen, daß diese Vereinbarungen über das dürftigste Maß hinausgehen.

So viel hat die Arbeiterschaft bereits erreicht, daß die Bahn des internationalen Arbeiterschutzes betreten worden. Will sie, daß die Regierungen auf dieser Bahn weiter gehen, so daß einigermaßen befriedigende Ergebnisse zu Tage treten, so muß sie dieselben darauf vorwärts drängen. Die Berliner Konferenz besagt nicht, daß die Arbeiter nun in Sachen des internationalen Arbeiterschutzes die Hände in den Schooß legen und Alles den Regierungen überlassen sollen; sie besagt blos, daß die Arbeiterschaft von jetzt an mit verdoppelter Energie für den weitestgehenden internationalen Arbeiterschutz eintreten muß. Nur wenn in allen Industriestaaten die Arbeiterbewegung den Staatsmännern auf den Nägeln brennt, werden sie alle sich entschließen, der Arbeiterklasse etwas weiter gehende Konzessionen zu machen und diese durch internationale Vereinbarungen sicher zu stellen.

Daß die Berliner Konferenz nur der Anfang, nicht der Abschluß der Verwirklichung der Idee des internationalen Arbeiterschutzes ist, dafür müssen die Arbeiter sorgen, das ist vor allem die Aufgabe der Demonstration am kommenden

1. Mai. Diese Demonstration hat in Folge der Berliner Konferenz nicht mehr eine blos akademische, sie hat eine entschieden **praktische Bedeutung** gewonnen. Es handelt sich heute nicht mehr so sehr darum, das **Prinzip** einer internationalen Arbeiterschutzgesetzgebung zur Geltung zu bringen, als vielmehr, dahin zu wirken, daß dies Prinzip in seiner Anwendung nicht zu einer schwächlichen, ungenügenden Halbheit zusammenschrumpft, sondern eine **einschneidende, wirkliche Reform** darstelle. Darum soll die Demonstration vom 1. Mai nicht blos eine Demonstration für internationalen Arbeiterschutz im allgemeinen, sondern auch im Besondern eine **für den internationalen achtstündigen Normalarbeitstag** sein.

Ebenso wie der Grad des Gelingens wird auch die Art und Weise der Durchführung der international vereinbarten Schutz-Bestimmungen in jedem einzelnen Lande **von der Kraft und Einsicht seiner Arbeiterklasse abhängen.** Doch braucht man sich in der Beziehung am allerwenigsten Sorgen zu machen. Ist die Arbeiterbewegung eines Staates so weit gediehen, daß sie seiner Regierung die Zustimmung zu den internationalen Vereinbarungen über Arbeiterschutz wünschenswerth macht, dann hat sie auch genügend Einfluß, eine ausreichende Gewerbeinspektion zu verlangen und dieser hilfreich zur Seite zu stehen. Die Thatsache, daß sie das Gesetz für sich hat, bietet, wie zahlreiche Erfahrungen gezeigt haben, bereits für sich allein mancher Arbeiterschicht eine starke moralische Stütze gegenüber den Anforderungen der Unternehmer.

Neben der Agitation für eine internationale Arbeiterschutzgesetzgebung ist natürlich die für Erweiterung der nationalen nicht zu vernachlässigen. Nichts ist weniger berechtigt, als die Behauptung, daß der Druck der internationalen Konkurrenz überhaupt jede Vermehrung des Arbeiterschutzes in einem einzelnen Lande verbiete, daß alle diesbezüglichen Bestrebungen vertagt werden müßten, bis es zu internationalen Vereinbarungen gekommen sei.

Dies ist vor Allem falsch für Deutschland mit seinen so dürftigen Bestimmungen zum Schutz der Arbeiter. Die Industrie Oesterreichs wie der Schweiz ist in einer ungünstigeren Position als die Deutschlands. Die österreichische Industrie ist ihr gegenüber technisch rückständig; die Leistungsfähigkeit der Arbeiter ist vielfach geringer. Die Schweiz muß Kohle und Eisen und den größten Theil ihrer Lebensmittel aus dem Ausland beziehen; sie hat einen nur geringen inneren Markt; und trotz aller dieser Nachtheile haben Oesterreich und die Schweiz ohne den mindesten Schaden für ihre Industrien Arbeiterschutzgesetze eingeführt, benen gegenüber die deutschen Bestimmungen geradezu elend sind. Was diese beiden Staaten gekonnt, kann Deutschland auch: das Verbot der Arbeit der Kinder vor dem 14. Jahr und der 11stündige Normalarbeitstag sind auch für Deutschland möglich. Ja, die deutsche Industrie erfreut sich der beider genannten Staaten gegenüber solcher Vortheile, daß sie auch den 10stündigen Normalarbeitstag trotz des Drucks der auswärtigen Konkurrenz ohne Schaden vertragen würde. Den Zehnstundentag kann und muß die deutsche Arbeiterklasse begehren, ohne Rücksicht auf internationale Vereinbarungen.

Aber diese Reformen sind heute nicht mehr genügend; weitergehende Beschränkungen der Ausbeutung müssen geschaffen werden, und diese zu ermöglichen, dazu sollen die internationalen Vereinbarungen getroffen werden. **Für die Arbeiterklasse ist die Idee einer internationalen Arbeiterschutzgesetzgebung unauflöslich verknüpft mit der Forderung des achtstündigen Normalarbeitstages.**

Diese Forderung ist nicht der Ausfluß „maßloser Begehrlichkeit", „gewissenloser Demagogie" oder „unverständigen Utopismus"; sie ist ein naturnothwendiges Ergebniß der modernen Verhältnisse. Die Anforderungen, die diese an die Arbeiterklasse stellen, steigen von Jahr zu Jahr und immer wichtiger wird es im Interesse der ganzen Gesellschaft, daß das Proletariat jenen Grad körperlicher und geistiger Spannkraft erlangt und bewahrt, dessen es bedarf, um diesen Anforderungen zu genügen. Das ist nur möglich durch eine Arbeiterschutzgesetzgebung, die das bisher gebotene Maß weit übersteigt.

Es wachsen die Anforderungen an die industrielle Leistungsfähigkeit der Arbeiter. Die Entwicklung der Technik ist begleitet von einer steten Steigerung der Intensität der Arbeit, einer Vervollkommnung der Kunst, dem Arbeiter in einem gegebenen Zeitraum möglichst viel Arbeit auszupressen. Gleichzeitig wachsen immer mehr die Schädlichkeiten und Gefährdungen der Gesundheit der Arbeiter. Der Bergmann z. B. muß immer tiefer in's Innere der Erde hinabsteigen, denn die nahe der Oberfläche liegenden Mineralschätze sind erschöpft. Immer schlechter wird die Luft, die er athmet, immer höher die Temperatur, in der er arbeitet, immer erschöpfender die Arbeit. Die industriellen Arbeiter werden immer mehr und mehr in großen Städten zusammengedrängt; welche Nachtheile für die Gesundheit das mit sich führt, brauchen wir des Weiteren wohl nicht auseinanderzusetzen.

Ehedem bildete die industrielle Arbeiterschaft nur einen kleinen Bruchtheil der Bevölkerung. Mochten auch die Schädlichkeiten der

Arbeit die einzelnen Arbeiter körperlich und geistig ruiniren, die Arbeiterklasse wurde immer wieder aufgefrischt durch Bauernblut. Heute genügt der Zuzug vom Lande nicht mehr, die Entartung der Industriebevölkerung aufzuhalten; diese ist zu sehr angewachsen, sie bildet vielfach den größten Theil der Bevölkerung; und das Bauernblut beginnt, seine auffrischende Wirkung zu verfehlen, seitdem die Hausindustrie auf dem flachen Lande ein Gegenstand kapitalistischer Ausbeutung geworden und damit der Keim zum körperlichen Verkommen auch in der Bauernschaft gelegt ist. Es wird immer nothwendiger, im Interesse der industriellen Leistungsfähigkeit wie der Wehrkraft der Staaten, der industriellen Arbeiterklasse solche Arbeits- und Lebensbedingungen zu schaffen, daß sie ohne Auffrischung von Außen ihre Spannkraft ungebrochen erhalten, daß sie, wo es nothwendig, neue Spannkraft erlangen kann.

Schon aus diesem Grunde ist eine bedeutende Verringerung der Arbeitszeit, ist der Achtstundentag, eine Nothwendigkeit.

Aber nicht aus diesem Grunde allein. Es wachsen nicht blos die Anforderungen der Industrie, sondern auch die der Gesellschaft und des Staates an den Arbeiter.

Ein kräftiges Vereinsleben ist heute, man kann geradezu sagen, eine Existenzbedingung der Arbeiterklasse geworden. Der Besitzlose steht jedem Mißgeschick, Krankheit, Arbeitslosigkeit ꝛc. hilflos gegenüber und ist dem Verderben preisgegeben, wenn er blos auf sich selbst angewiesen ist. Seitdem es freie Besitzlose gibt, hat sich daher das Gemeinwesen, in welcher Form immer, als Kirche oder Gemeinde, veranlaßt gesehen, ihnen in Unglücksfällen eine gewisse Unterstützung angedeihen zu lassen. Den Proletariermassen gegenüber, die das Kapital auf den Plan brachten, hat sich die Hilfe der Kirche wie der Gemeinde gleich ohnmächtig erwiesen. Dagegen haben die selbstständigen Unterstützungsvereine der Arbeiter den glänzendsten Aufschwung genommen und die besten Resultate ergeben, wo immer man sie ungestört sich entwickeln ließ. Aber selbst wo der Polizeistaat sie einschnürte oder durch die Konkurrenz eines staatlichen Unterstützungswesen zu ersticken suchte, haben sie sich lebenskräftig gezeigt. Und auch das staatliche Unterstützungswesen, so bureaukratisch es ist, kann der Vereinsthätigkeit der Arbeiter nicht entbehren.

Ebenso wichtig, wie für das Unterstützungswesen, ist diese Thätigkeit für die Wahrung der gemeinsamen Interessen der Arbeiter gegenüber den Kapitalisten. Immer größer und erdrückender wird die ökonomische Macht des Unternehmers, sei er ein Einzelkapitalist, sei er eine Aktiengesellschaft, dem einzelnen Proletarier gegenüber; immer größer wird die Masse der Proletarier, die im Durchschnitt auf ein Unternehmen kommt. Immer nothwendiger wird für sie die Nothwendigkeit eines einheitlichen Vorgehens, sollen sie nur einigermaßen günstige Arbeits- und Lebensbedingungen erlangen können. Immer schwieriger wird dies einheitliche Vorgehen, wenn die anschwellenden Massen nicht durch ein äußerliches Band, eine Organisation zusammengehalten werden. Die Vereinsthätigkeit wird so zu einer Lebensbedingung für die Arbeiterklasse; ihr die Vereinsthätigkeit unmöglich machen, heißt, sie jedem Unfall sowie allen Ausschreitungen der Habsucht der Kapitalisten wehrlos überliefern.

Eine wirkliche Socialreform ohne Koalitions- und Vereinsfreiheit ist unmöglich. Diese Freiheit ist aber blos eine der Vorbedingungen eines blühenden Vereinslebens. Eine zweite, ebenso wichtige Vorbedingung ist die nöthige Muße, um der Vereinsthätigkeit in genügendem Maße obliegen zu können.

Die Entwicklung der Arbeiterversicherung und des Fachvereinswesens macht eine erhebliche Verkürzung der Arbeitszeit, macht den Achtstundentag unumgänglich nothwendig.

Die Vereinsthätigkeit ist auch eine Arbeit, und oft eine recht mühsame. Und es ist eine Arbeit, nicht blos im Interesse der Arbeiterklasse, sondern im Interesse der ganzen Gesellschaft. Wo kein Vereinsleben der Arbeiter besteht, wo diese schutzlos allen Wechselfällen des Schicksals überlassen sind, so daß ihnen bei jeder Krankheit, jeder Arbeitslosigkeit u. s. w. nichts übrig bleibt als zu betteln oder zu stehlen, da füllen sich Armenhäuser und Gefängnisse. Je mehr das Vereinsleben der Arbeiter blüht, desto mehr nehmen diese der Gesellschaft die Last der Armenunterstützung und des Verbrecherthums ab. In England sind es seit der mächtigen Entwicklung der Arbeitervereine nicht mehr, wie noch in den 30er und 40er Jahren, die Industriebezirke, sondern die landwirthschaftlichen Distrikte und namentlich die Luxusstädte, die das Gros der Verbrecher liefern. Es gereicht also der ganzen Gesellschaft zum Vortheile, wenn sie die Arbeiterklasse in diesen Bestrebungen unterstützt, ihr die rechtliche wie die ökonomische Grundlage für ein blühendes Vereinsleben gewährt.

Auch von diesem Standpunkt liegt es ebenso im Interesse der ganzen Gesellschaft, wie im besonderen Interesse der Arbeiterklasse, daß der Achtstundentag in's Leben tritt.

Zu den Anforderungen der Industrie und der Gesellschaft gesellen sich endlich noch die stets wachsenden Anforderungen des Staatslebens an die Arbeiterklasse. In allen modernen Staaten hat sie politische Rechte erlangt; in den meisten besitzt sie Antheil an der Gesetzgebung, in keinem kann man ihn ihr auf die Dauer versagen. Dieser Antheil ist für sie unentbehrlich, soll sie im Stande sein, ihre Interessen genügend zu wahren. Ihre volle Energie muß darauf gerichtet sein, ihre politischen Rechte zu erhalten und zu vermehren.

Jedes Recht schließt aber auch Pflichten in sich; und selbst die Gegner der politischen Rechte der Arbeiter müssen wünschen, daß sie im Stande sind, da man ihnen diese Rechte doch nicht wieder nehmen kann, ihren politischen Pflichten in ersprießlicher Weise Genüge zu leisten. Es wird das um so nothwendiger, da die Masse der Arbeiterschaft und ihr Einfluß im Verhältniß zu dem der übrigen Bevölkerung immer mehr wächst. Von Tag zu Tag nimmt die politische Bedeutung der Arbeiterklasse zu, steigt ihre direkte oder indirekte Einwirkung auf das Staatsleben. Es wird immer mehr aus einem bloßen Interesse der Arbeiterklasse zu einem Interesse der gesammten Gesellschaft, daß die Arbeiter politisch reif und gebildet sind, daß sie wissen, was sie wollen und sollen, was die Bedürfnisse nicht blos ihrer Klasse, sondern der gesammten staatlichen und gesellschaftlichen Entwicklung erheischen. Die Arbeiter müssen sich am politischen Leben betheiligen, sie müssen politischen Vereinen angehören, Versammlungen besuchen, Zeitungen lesen, sollen sie sich ein selbstständiges Urtheil bilden können.

Vermehrung der Muße für die Arbeiter, sich zu unterrichten und zu bilden, wird in allen modernen Staaten eine politische Nothwendigkeit. Es ist ein Unding, einer Klasse politische Rechte zu geben und ihr gleichzeitig die Mittel vorzuenthalten, sie so vernünftig als möglich zu gebrauchen. Es ist eine der wichtigsten Pflichten eines jeden Freundes einer gedeihlichen politischen Entwicklung, mitzuwirken an den Bestrebungen der Arbeiter, ihre Arbeitszeit zu verkürzen und ihnen so Gelegenheit zu geben, ihre politischen Pflichten zu üben. Es ist eine der wichtigsten Pflichten der Arbeiter gegen sich selbst und gegen die Gesellschaft, jede Gelegenheit zu ergreifen, die sich ihnen bietet, auf Verkürzung der Zeit der Arbeit, die dem Kapital gehört, hinzuwirken, um vermehrte Zeit zur Arbeit für die Gesellschaft und das Gemeinwesen zu gewinnen. Und auch darum müssen sie überall, wo sie können, auf das Entschiedenste für den Achtstundentag eintreten. Der Arbeiterklasse liegen andere und wichtigere Aufgaben ob, als das Schaffen von Profit für die Kapitalisten. Sie benutzt die größere Muße nicht zum Nichtsthun, sondern zum Arbeiten im Dienst der Kultur, der gesellschaftlichen und staatlichen Entwicklung.

Was der Zehnstundentag in England vor einem halben Jahrhundert war, verspricht jetzt der Achtstundentag in allen Industriestaaten zu werden: das nächste praktische Ziel der Arbeiterbewegung. Aber um so viel gewaltiger die Arbeiterklasse von heute als die vor einem halben Jahrhundert, um so viel gewaltiger der jetzige Kampf. Es handelt sich nicht mehr um eine einzelne Arbeiterschichte, die Textilarbeiter, sondern um die gesammte Lohnarbeiterschaft. Es handelt sich nicht mehr um ein einzelnes Land, sondern um die ganze civilisirte Menschheit. Es handelt sich nicht mehr darum, eine Reihe von Arbeitern vor dem gänzlichen Verkommen zu bewahren, sondern darum, durch eine Wiedergeburt der Arbeiterklasse diese zu befähigen, den ihr gebührenden Platz in der Gesellschaft einzunehmen und an ihrer Umgestaltung im Sinne der modernen Bedürfnisse zu arbeiten.

Wer am kommenden 1. Mai theilnimmt an der Demonstration für den internationalen achtstündigen Arbeitstag, der tritt ein nicht blos für Verkürzung der Arbeitszeit und höheren Lohn, der mittelbar daraus folgt; der hilft auch vorbereiten die Lösung der großartigsten Aufgabe, die die Geschichte der Arbeiterklasse gestellt, die Wiedergeburt der Gesellschaft.